Meine Rezepte aus der Provence

200 schmackhafte und einfache Rezepte

ARTULEN-VERLAG, OFFENBURG
Luisenstraße 4
D-77654 Offenburg
Telefon: (0781) 948 18 83
Fax: (0781) 948 17 82

Erste deutsche Ausgabe 1998

Über die MONTIGNAC-METHODE
sind folgende Bücher erschienen:

- **Essen gehen und dabei abnehmen**
  (Michel Montignac)
- **Ich esse, um abzunehmen**
  (Michel Montignac)
- **Montignac Rezepte und Menüs**
  (Michel Montignac)
- **Schlank & Schnell**
  (Ria Tummers)

Vom selben Autor sind folgende
zusätzliche Werke erschienen:

- **Gesund mit Schokolade**
  (Michel Montignac)
- **Jeden Tag Wein**
  (Michel Montignac)

Internationale Ausgaben:

Frankreich:
- Comment maigrir en faisant des repas d'affaires
- Je mange donc je maigris!
- La méthode Montignac: Spécial Femme
- Mettez un turbo dans votre assiette!
- Recettes et Menus Montignac
- Je cuisine Montignac (Band I und II)
- Restez jeune en mangeant mieux

Holland:
- Slank worden met zakendiners
- Ik ben slank want ik eet!
- Zij is slank want zij eet - Special voor de vrouw
- Recepten en menu's Montignac
- Ik blijf jong, want ik eet beter
- Slank & Snel, de fast cuisine van Michel Montignac
- Mijn recepten uit de Provence

USA:
- Dine out and lose weight
- Eat yourself slim

England:
- Dine out and lose weight
- Eat yourself slim
- Recipes and Menus Montignac
- The Montignac Method special for Women

Spanien:
- Como adelgazar en comidas de negocios
- Comer para adelgazar
- Las recetas de Michel Montignac

Italien:
- Come dimagrire facendo pranzi d'affari
- Mangio dunque dimagrisco!

Finnland:
- Syön hyvin ja siksi laihdun

Die Originalausgabe erschien unter dem Titel
Recettes & Menus Montignac, Tome 2

© 1998 Artulen-Verlag GmbH, Offenburg
Alle Rechte vorbehalten

® „Montignac" und ⦶
sind eingetragene Warenzeichen

Lektorat: Simone Heuschneider, Regine Schmidt

Titelfoto und Abbildungen im Innenteil:
Studio Hans Abel

Layout: Rotation Verlags-Service
Zerling & Heßling, Berlin

Druck: AAD Trescom, Berlin
Gedruckt auf umweltfreundlichem Papier
Printed in Germany

ISBN 3-930989-04-2

MICHEL MONTIGNAC

Meine Rezepte aus der Provence

200 schmackhafte und einfache Rezepte

AUS DEM FRANZÖSISCHEN
VON LIANE SCHUMPA

ARTULEN-VERLAG
Deutsche Erstauflage 1998

Inhaltsverzeichnis

Verzeichnis der Rezepte

EINLEITUNG

Es hat fünfzig Jahre gedauert, bis unsere Zeitgenossen eines der Grundprinzipien unseres Daseins wiederentdeckt haben: die Notwendigkeit einer gesunden Ernährung. Wer sich mit Tieren beschäftigt – sowohl Züchter als auch Veterinäre – weiß, daß das Überleben, das Wachstum und die Gesundheit eines Tieres von der artgerechten Ernährungsweise und Nährstoffzusammensetzung abhängt. Die sogenannte „Rinderseuche" hat die „Zauberlehrlinge", die mit ihren Berufspflichten sehr frei umgegangen sind, auf dramatische Weise zur Ordnung gerufen.

Seit dem Beginn der Allopathie in der Mitte des 20. Jahrhunderts, bei der die Behandlung einer Krankheit viel mehr auf die Symptome als auf die Ursache ausgerichtet ist, haben die Menschen allmählich vergessen, daß die Ernährung nicht nur dazu da ist, den Hunger zu stillen, sondern auch einen Genuß zu verschaffen. Ihre Wahl fällt immer häufiger auf industriell hergestellte, vorgefertigte Lebensmittel, die vor allem praktisch sind.

Die allgemeine Verbreitung der Berufstätigkeit unter den Frauen hat zudem dazu geführt, daß erheblich weniger Zeit für die Zubereitung von Mahlzeiten aufgewendet wird. Obendrein sind die traditionellen Kochkünste, die früher von der Mutter an die Tochter weitergegeben wurden, allmählich in Vergessenheit geraten. In einem Land wie den USA, dem vergrößerten Spiegelbild unserer schlechten Ernährungsgewohnheiten, gilt es für eine Frau sogar als erniedrigend, Zeit in der Küche zu verbringen. Kochen wäre demnach ein Zeichen fehlender Emanzipation.

Zum Glück gehört diese Zeit immer mehr der Vergangenheit an. Seit etwa zehn Jahren ist die moderne Ernährungslehre darum bemüht aufzuzeigen, daß der Energiegehalt von Lebensmitteln nur eine relative Bedeutung hat und daß der entscheidende Faktor vielmehr der Gehalt an Nährstoffen (Vitamine, Mineralstoffe, Spurenelemente, Ballaststoffe, essentielle Fettsäuren) ist. Bei der Vorbeugung von Krankheiten spielt er tatsächlich eine ausschlaggebende Rolle. Außerdem hat man verstanden, daß auf industriellem Weg hergestellte Nahrung häufig zu wenig Nährstoffe enthält. Schließlich findet man allmählich wieder zu bestimmten traditionellen Werten zurück. Es ist die wiederentdeckte Freude am Kochen, die mit dem Wunsch, natürlichere Lebensmittel zu sich zu nehmen, einhergeht.

Wenn die Mahlzeiten so oft wie möglich mit frischen Produkten und nach grundlegenden Kochprinzipien zubereitet werden, lassen sich drei Fliegen mit einer Klappe schlagen: gesünder essen, was der Gesundheit zugute kommt, sich und seinem direkten Umfeld durch schmackhafte Gerichte einen Genuß bereiten, und schließlich eine Kunst wiederentdecken, die eine der Grundlagen unserer Zivilisation bildet: das Kochen.

Mit dem Kochen ist es wie mit der Liebe! Es wurde alles darüber gesagt, und trotzdem gibt es noch unendlich viel zu sagen, so umfassend und unerschöpflich ist dieses Thema. Dies trifft im übrigen auf sämtliche Kunstbereiche zu, denn Kochen ist sehr wohl als wahre Kunst anzusehen. Wie in der Musik oder in der Malerei hat die Kochkunst ihre Meister, die durch Michelin-Sterne weithin gewürdigt werden. Sie bringen uns zum Träumen, lassen uns das Wasser im Munde zusammenlaufen und bereiten uns herrlichste Gaumenfreuden, falls wir über die notwendigen finanziellen Mittel verfügen. Essen gehen bei Bernard Loiseau unterliegt dem gleichen Beweggrund wie Pavarotti in der Oper hören: die Suche nach der höchsten Befriedigung der Sinne. Denn die hohe Kunst der Küche steht der hohen Kunst der Musik in nichts nach. Nur die Art des „Instruments" unterscheidet sich. Die Malerei besitzt durch ihre Farbenpalette unendliche Kombinationsmöglichkeiten, in der Musik sind es die Tonleitern. Beim Kochen gibt es eine Vielzahl von Geschmacksrichtungen und eine fast unendliche Anzahl von Produkten. So sind vielfältige Variationen entsprechend der getroffenen Auswahl möglich.

Deshalb kann man nicht von *einer* Küche, sondern von *vielen* Küchen sprechen. Die japanische oder chinesische Küche, genauso wie die italienische, spanische, griechische oder mexikanische Küche haben sich – bei einem guten Arrangement – in bezug auf die gehobene französische Küche noch nie als unwürdig erwiesen, selbst wenn es ihnen in den Augen der Franzosen manchmal an Tiefe und oft an Raffinesse fehlt. Was in Wirklichkeit den Unterschied zwischen der französischen Küche und der übrigen Kochwelt ausmacht, ist der Bereich der feinen Kochkunst.

Und genauso wie man an die Oper herangeführt werden muß, um sie zu mögen, muß man die nötige Bildung erhalten, um die echte feine Küche schätzen zu lernen. Diese Anregung ist in Frankreich Bestandteil der Kultur. Aus diesem Grund schlummert in jedem Franzosen ein Feinschmecker. Manche schlafen ihr ganzes Leben lang, was sehr bedauerlich ist. Andere öffnen von Zeit zu Zeit ein Auge, wenn sich ihnen die Gelegenheit bietet. Aber alle werden hellwach, sobald sie eines Tages den Entschluß fassen, hinter dem Herd zu stehen. Nur durch „Feinschmeckern" wird man Feinschmecker und durch Kochen wird man Koch! Marc Meneau wie auch Marc Vérat haben es sogar geschafft, drei Michelin-Sterne zu erhalten, obwohl sie sich das Kochen selbst beigebracht hatten.

Aber wie jeder Kunst liegt auch dem Kochen eine Technik zugrunde, d.h. Grundprinzipien, auf denen aufgebaut wird und anhand derer man eines Tages sein Improvisationstalent ausprobieren kann. Wie in jeder Disziplin stellt sich der Erfolg erst durch ein unumgängliches Prinzip ein: Genauigkeit. Selbst zu Beginn sollte man sich bemühen, perfekt zu sein. Perfekt und anspruchsvoll bei der Auswahl der Zutaten: zum Beispiel lieber gefrorenen Fisch als nicht ganz frischen Fisch verwenden. Perfekt bei der Zubereitung: es gibt nichts Unangenehmeres als Gräten im Fischfilet oder Sand im Salat zu finden. Perfekt beim Würzen: ein Gericht darf weder zu stark noch zu schwach gewürzt sein. Deshalb empfiehlt es sich – nach dem Vorbild der großen Köche –, während des Kochens ständig zu probieren. Perfekt im Bemühen, warme Gerichte zu servieren: Dies setzt lediglich etwas Organisationstalent und eine gewisse Höflichkeit gegenüber seinen Gästen voraus. Perfekt in der Anforderung an sich selbst (oder an sein Umfeld), ein Minimum an unentbehrlichen, gut funktionierenden Arbeitsgeräten zur Verfügung zu haben. Ein guter Arbeiter kann niemals ohne gutes Werkzeug arbeiten. Ein Pianist kann niemals auf einem ungestimmten Klavier spielen. Perfekt, weil nur dadurch Fortschritte erzielt werden können und ein hohes Niveau ermöglicht wird.

Denn Kochen bedeutet, zuerst sich und dann anderen einen Genuß zu bereiten.

TEIL 1

DIE PRINZIPIEN DIESES BUCHES

Diesem Buch liegen vier Prinzipien zugrunde: *Ernährung, Gesundheit, Kochen und feine Küche.*

Zunächst entsprechen die aufgeführten Rezepte der Montignac-Methode. Wer es noch nicht weiß: diese Methode ist keine Diät, sondern eine richtige Ernährungsphilosophie. Sie beinhaltet eine Umstellung der Ernährungsgewohnheiten, bei der die Auswahl der Lebensmittel nach dem Nährstoffgehalt getroffen wird. Es wurde nämlich nachgewiesen, daß von der Menge der in den Lebensmitteln enthaltenen Nährstoffe die Anzahl der Stoffwechselvorgänge abhängt, die sich positiv auf die Gesundheit auswirken und einer Gewichtszunahme vorbeugen.

Daher sind in keinem der hier vorgestellten Rezepte schlechte Kohlenhydrate enthalten (Zucker, Weißmehl, Kartoffeln, Mais, weißer Reis...). Außerdem werden verschiedene Methoden zur Bindung von Saucen vorgestellt. Schließlich zeige ich zahlreiche Möglichkeiten, wie die ewigen Nudeln, Kartoffeln oder Reis, die viel zu oft auf dem täglichen Speiseplan stehen, ersetzt werden können, denn es gibt andere ausgezeichnete Stärkeprodukte (Linsen, Bohnen, Erbsen...) und ein abwechslungsreiches Gemüseangebot, das jeden Geschmack zufriedenstellen müßte.

Bei der Mehrheit der Rezepte diente im übrigen die Provence bzw. der Mittelmeerraum allgemein als Anregung. Dies liegt zunächst daran, daß ich seit jeher ein Anhänger dieser „Sonnenküche" bin; ich koche schon immer danach und habe sie bereits 1986 in meinen ersten Büchern empfohlen. Dann wohne ich seit einigen Jahren im Südosten Frankreichs, wodurch ich bei meinen Kochexperimenten noch weiter gehen und sie zu meinem Alltagsessen machen konnte. Schließlich wird nunmehr von sämtlichen internationalen Gesundheitsorganisationen offiziell anerkannt, daß die mediterrane Ernährungsweise die beste der Welt ist, da sie den wirksamsten Schutz vor Herz-Kreislauf-Erkrankungen und eine optimale Lebenserwartung bietet.

FETTE UND IHRE ERSATZSTOFFE

Die erste Empfehlung besteht darin, beim Kochvorgang **für immer auf Butter zu verzichten.**

Sämtliche Kochbücher (die der großen Meister als auch die der weniger bekannten, aber im Hinblick auf ihr Koch- und Lehrtalent genauso verdienstvollen Köche) schlagen zum Kochen die Verwendung von Butter vor. Selbst in den großen klassischen Büchern der provenzalischen Küche findet sich Butter paradoxerweise in einer großen Anzahl von Rezepten.

Dies ist darauf zurückzuführen, daß Butter früher ein seltenes und teures und demzufolge ein edles Produkt darstellte. Kochen mit Butter war somit den Reichen (Adel und später Bürgertum) vorbehalten und wurde deshalb von den in ihrem Dienst stehenden Köchen intensiv weiterentwickelt. In der traditionellen französischen feinen Küche wird demnach hauptsächlich Butter zum Kochen verwendet. Wenn man die Küche eines großen Restaurants besucht, befindet sich unübersehbar neben dem Herd eine in einem **Wasserbad** befindliche Schüssel, die eine ölige Flüssigkeit enthält: geklärte Butter (die Köche klären die Butter, um nur das Fett zurückzubehalten und vor allem, um sie von ihren „Unreinheiten" zu befreien, insbesondere von der gelben Farbe und der dunklen Färbung bei einer Temperatur von über 120° C). Diese Butter wird für sämtliche Kochvorgänge und die Zubereitung einer großen Anzahl von Saucen verwendet.

Man muß jedoch wissen, daß Butter nur dann als nährstoffreiches Lebensmittel zu empfehlen ist (bei einer Menge von 10 bis 25 g pro Tag), wenn sie in nicht erhitztem oder lediglich in geschmolzenem Zustand verzehrt wird. Sobald sie zum Kochen verwendet wird, ist dies nicht mehr der Fall. Butter

besteht hauptsächlich aus gesättigten Fetten, die sich aus „kurzkettigen" Fettsäuren zusammensetzen, was den Vorteil hat, daß sie von den Enzymen im
Dünndarm schnell abgebaut werden. Aus diesem Grund läßt sich frische Butter, zum Beispiel auf einer Scheibe Brot, problemlos verdauen. Aber bei einer
Temperatur von etwa 100° C werden diese „kurzkettigen" Fettsäuren zerstört.
Erhitzte Butter wird somit unverdaulich, da sie von den Verdauungsenzymen
schlechter abgebaut werden kann, d.h. sie wird schädlich. Damit stellt sie
einen zusätzlichen Risikofaktor für die Gesundheit dar. Ab einer Temperatur
von 120° C wird Butter völlig denaturiert und bekommt eine schwarze Farbe.
Es bildet sich Akrolein, das als krebserzeugende Substanz gilt.

Sobald man ein Stück Butter in einen Topf oder eine Pfanne gibt (beim Nach-
kochen eines traditionellen Rezepts), steigt die Temperatur regelmäßig auf
160 oder 180° C, was natürlich gesundheitsschädlich ist.

**Deshalb empfehle ich bei allen Kochvorgängen über 100° C die Verwen-
dung von Gänsefett (oder Entenfett).**

Gänsefett besitzt drei Vorteile. Zunächst handelt es sich um ein vorwiegend
einfach ungesättigtes Fett. Dies ist auf die darin enthaltene Ölsäure zurückzuführen, d.h. es verfügt über die gleiche chemische Struktur wie Olivenöl, dessen gesundheitsfördernde Eigenschaften allgemein bekannt sind. Dann kann
Gänsefett – im Gegensatz zu allen anderen Fetten – hohen Temperaturen (mehr
als 200° C) ausgesetzt werden, ohne daß die Molekularstruktur zerstört wird.
Damit bleibt es sogar in erhitztem Zustand verdaulich und behält seine wohltuende Wirkung bei Herz-Kreislauf-Erkrankungen. Schließlich verleiht Gänsefett den Gerichten einen außergewöhnlichen Geschmack, wodurch es zu
einem Lebensmittel der feinen Küche wird.

Sie werden feststellen, daß ich bei einer großen Anzahl von Rezepten häufig
die Verwendung von **Sojasahne** anstelle von Crème fraîche empfehle. Damit
wird die Herstellung einer sahnigen Sauce möglich, ohne gesättigte Fette in
Kauf nehmen zu müssen, wie es bei Crème fraîche oder Schlagsahne der Fall
ist. Dieses Produkt paßt am besten zu Gemüse und zu Fisch. Wenn man es bei
der Zubereitung von Fleisch verwendet, kann der Geschmack mit etwas Gänsefett verfeinert werden.

Der einzige Nachteil der Sojasahne (abgesehen von der Tatsache, daß sie noch
nicht überall erhältlich ist, außer in Reformhäusern) besteht darin, daß sie

gerinnt, wenn sie stark oder zu lange erhitzt wird. Sie ist somit für längere Kochvorgänge nicht geeignet. Wenn sie dagegen zum Schluß oder zum Ablöschen hinzugegeben wird, ist sie eine perfekte Alternative.

Der Kochvorgang

Eine weitere Empfehlung besteht darin, bei niedrigen Temperaturen zu kochen. Ob man in einer Pfanne oder einem Topf Zwiebeln andünstet oder Gemüse, Fisch, Krustentiere oder auch Fleisch (insbesondere Geflügel) gart, in keinem Fall ist eine starke Hitze erforderlich, die die Lebensmittel übermäßig braun werden läßt (sogar geradezu verbrennt). Dies führt zu einer Denaturierung der Moleküle, wodurch sie unverdaulich werden und sogar der Gesundheit schaden. Ein derartiger Vorgang wird als „Maillard-Reaktion" bezeichnet. Maillard ist der erste Wissenschaftler, der nachgewiesen hat, daß Hitze bei Lebensmitteln eine chemische Zersetzung der Molekularstruktur nach sich zieht. Die braunen Farbstoffe und die Polymere, die zum Beispiel infolge eines starken Temperaturanstiegs entstehen, sind bei der Denaturierung von Proteinen und komplexen Zuckern anfallende Nebenprodukte. Nach Ansicht einiger Autoren (P. Dang, 1990) gelten die neuen, durch Erhitzen entstandenen Substanzen als giftig und krebserregend.

Wer Verdauungsprobleme hat (vor allem nach dem Besuch eines Restaurants, selbst wenn es sehr berühmt ist), kann mit aller Wahrscheinlichkeit die zu stark erhitzten Lebensmittel dafür verantwortlich machen. Die negativen Auswirkungen auf die Gesundheit machen sich erst langfristig bemerkbar, so daß ein direkter Zusammenhang zwischen Ursache und Wirkung nur sehr schwer zu erkennen ist.

Zum Abschluß noch eine letzte Empfehlung, die ich bei zahlreichen Kochvorgängen mit Öl anwende. Wenn das Essen in der Pfanne gar ist, sollte das benutzte Öl durch frisches Öl ersetzt werden. Dies ist besser für die Verdauung und für die Gesundheit.

Die Rezepte

Diese zweihundert Rezepte zeichnen sich dadurch aus, daß sie **einfach, schnell und praktisch** sind und zu 98 % aus **preiswerten** Zutaten hergestellt werden können.

Schnelligkeit scheint heutzutage beim Kochen eine Notwendigkeit zu sein. Laut Statistik werden durchschnittlich etwa zwanzig Minuten für die Zubereitung des Abendessens aufgewendet. Viele haben das Kochen bereits aufgegeben (und kaufen Fertiggerichte), weil ihnen dafür nur wenig Zeit zur Verfügung steht. Dieses Buch gibt ihnen die Möglichkeit, die Freude am Kochen wiederzuentdecken, da bei keinem Rezept mehr als eine halbe Stunde Zubereitungszeit benötigt wird und der Durchschnitt bei etwa zwanzig Minuten liegt.

Es werden lediglich minimale Kochkenntnisse vorausgesetzt, denn ein Rezeptbuch ist etwas anderes als ein Einführungskochbuch. Es gibt es hervorragende Grundkochbücher, obwohl die beste Ausbildung, die man in diesem Bereich erhalten kann, die „Lehrzeit" bei der Mutter oder Großmutter ist, oder man besucht einen speziellen Kurs, der fast überall angeboten wird.

Schließlich ist zu betonen, daß dieses zweite Kochbuch ebenfalls auf dem Konzept der ernährungsbewußten feinen Küche beruht, das ich in meinen vorangegangenen Werken entwickelt habe. Bis jetzt war die Ernährungslandschaft in zwei Lager gespalten, von denen jeder die Grenze mit übertriebener Schwarzweißmalerei betrachtete. Auf der einen Seite gab es die Anhänger endloser Festessen und fettreicher, schmackhafter Gerichte. Es war das Lager der Genießer, die die Lebenslust und das Wohlbefinden am Gutmütigkeit ausstrahlenden, schwammigen Gesicht und am Hüftumfang maßen. Es war die ausgesuchte Welt der feinen Küche, der Feinschmecker und Schlemmer, die durch die hedonistische Lebensweise ihr eigenes Grab mit der Gabel schaufelten.

Auf der anderen Seite gab es (und gibt es noch) die puritanische und masochistische Welt der herkömmlichen Diätetik, zu der Verbote, karge und vor allem kalorienreduzierte Mahlzeiten, geruchs- und geschmacklose Gerichte sowie Protein-Trinklösungen und Ersatzmahlzeiten gehörten. Es war (und ist es noch) die Welt derjenigen, die Essen gewissermaßen als Sünde ansahen. Es ist die Welt der Bedauernswerten, der Spielverderber und Miesmacher, die uns am Sattessen hindern, die in uns ein schlechtes Gewissen hervorrufen möchten und deren Anblick alleine ausreicht, uns den Appetit zu verderben. Es ist die Welt derjenigen, die uns unter dem Vorwand, unser Leben zu verlängern, ganz einfach am Leben hindern.

Die ernährungsbewußte Küche stellt den Versuch dar, die beiden verfeindeten Lager zu versöhnen. Es ist ein Mittelweg zwischen Ausschweifung und Askese. Dabei wird zunächst davon ausgegangen, daß Essen – neben der Notwendigkeit – einen Genuß darstellen muß, daß es ein Vorgang ist, der als Bestandteil der Lebensqualität anzusehen ist. Jeder restriktive Denkansatz, der zur Nahrungseinschränkung führt, wird abgelehnt und jede Methode, bei der das Hungergefühl betäubt und durch trügerische Ersatzmahlzeiten, Appetitzügler oder Nahrungszusätze vorgegeben wird, den Bedürfnissen des Körpers nachzukommen, wird streng verurteilt. Die ernährungsbewußte Küche bedeutet „gut", „mit Genuß" und „gesund essen". Der gesunde Menschenverstand steht im Bereich der Ernährung wieder im Vordergrund. Es geht um „intelligentes Essen", das darin besteht, das Beste der traditionellen feinen Küche beizubehalten und sich von aktuellen ernährungswissenschaftlichen Erkenntnissen anregen zu lassen, wobei die vorgefaßte Meinung der herkömmlichen Ernährungswissenschaft in Frage gestellt wird.

Brillat-Savarin gab vor, daß „das Schicksal der Völker von der Art abhängt, wie sie sich ernähren". Wetten, daß Frankreich den Vorsprung, den es in diesem Bereich seit jeher gegenüber anderen Ländern besitzt, halten kann, indem sich die feine Küche in die richtige Richtung weiterentwickelt? Eine neue Generation von großen Köchen setzt sich im übrigen seit einigen Jahren erfolgreich dafür ein.

KÜCHENGERÄTE

Um richtig kochen zu können, benötigt man natürlich ein Minimum an geeigneten und qualitativ hochwertigen Geräten. Deshalb sollte man auf den Kauf von technischen Spielereien verzichten und stattdessen etwas teureren Arbeitsgeräten den Vorzug geben, da sie über eine längere Lebensdauer verfügen.

Pfannen

Es werden vier Pfannen benötigt: zwei große, eine mittlere und eine kleine. Nur hochwertige, antihaftbeschichtete Pfannen auswählen.

Vorsicht! Niemals Metallgegenstände, sondern ausschließlich Koch- oder Rührlöffel aus Holz verwenden.

Beim Putzen die gleiche Vorsicht walten lassen: niemals Topfkratzer benutzen.

Außerdem empfiehlt es sich, zwei oder drei Deckel verschiedener Größe zur Verfügung zu haben, die auch für Kochtöpfe verwendet werden können.

Kochtöpfe

Mindestens drei Kochtöpfe sind erforderlich: ein großer, ein mittlerer und ein kleiner. Niemals Aluminiumkochtöpfe kaufen (deren Gebrauch im übrigen verboten werden sollte), da sie auf lange Sicht giftig werden können. Ausschließlich Kochtöpfe aus rostfreiem Stahl mit einem dicken Boden oder auch echte Kochtöpfe aus gut verzinntem Kupfer verwenden.

Bratpfannen, große Kochtöpfe und Schmortöpfe

Ein großer Kochtopf ist für die Zubereitung von Suppen, Eintöpfen, Teigwaren und großem Gemüse wie Kohl erforderlich.

Man benötigt auch eine Bratpfanne – eine Art großer Stieltopf mit passendem Deckel –, die für zahlreiche Gerichte verwendet werden kann.

Ein Schmortopf – der wie früher aus Guß sein kann – besitzt den Vorteil, daß ein Garen auf kleiner Flamme möglich ist (die Hitze wird gleichmäßig auf der Oberfläche verteilt) und das Essen sogar darin serviert werden kann.

Die Fischpfanne ist auch eine Art „Kochtopf", der bei zahlreichen Gelegenheiten zum Einsatz kommt.

Schüsseln und Schalen

Dabei handelt es sich um kleine, mittlere und große Schüsseln. In einer Küche kann man nie genug davon haben. Man braucht mindestens ein halbes Dutzend in verschiedenen Größen. Mit Ausnahme einer einzigen (großen) Metallschüssel für die Zubereitung im **Wasserbad** können die anderen aus Glas oder Plastik sein, die billig zu haben sind.

Backpfannen und -formen

Dabei handelt es sich um Schalen mit einem hohen Rand, die für den Backofen geeignet sind. Sie können aus Glas oder Keramik, aber auch aus Steinzeug sein, so daß damit auch ein Servieren möglich ist. Es werden mindestens drei benötigt: eine sehr große, eine mittlere und eine kleine.

Für Nachspeisen und Terrinen sollte man über ein bis zwei antihaftbeschichtete Formen verfügen.

Dämpftopf

Ich empfehle keinen Schnellkochtopf, weil er teuer und vor allem gefährlich ist. Zunächst könnte er explodieren oder Verbrühungen verursachen. Außerdem werden sehr hohe Temperaturen erreicht (200 bis 300° C). Wie ich jedoch bereits erläutert habe, enthalten Lebensmittel um so weniger Nährstoffe, je höher die Gartemperatur ist.

Am besten ist deshalb ein normaler Dämpftopf mit zwei Dämpfeinsätzen. Ich empfehle zwei verschiedene: einen runden von etwa 25 cm Durchmesser und einen ovalen für die Zubereitung von Fisch.

Messer

Sie sollten von erstklassiger Qualität und leicht zu schleifen sein. Man benötigt große, mittlere und kleine Messer. Am besten kauft man sie alle bei einem Fachhändler, der sie später auch schleifen kann.

Mixer

Am besten ist ein leistungsfähiger Mixer, den es auf dem Markt in allen Preislagen gibt. Auch hier ist es von Vorteil, ein qualitativ hochwertiges Gerät zu erwerben, das den Profimaschinen sehr nahekommt. Doch dies ist ein teures Unterfangen. Bis es soweit ist, kann man mit einem gängigen Produkt vorliebnehmen, das in allen Supermärkten erhältlich ist.

Trotzdem empfehle ich, einen möglichst leistungsfähigen Mixer anzuschaffen. Um festen Eischnee oder schöne Schlagsahne zu erhalten, benötigt man ein Gerät mit hoher Rotationsgeschwindigkeit. Es sollte möglichst ein Standgerät sein, damit man in dieser Zeit etwas anderes machen kann.

Unentbehrliches

Dabei handelt es sich um zusätzliche Kleinteile, die eine äußerst wichtige Rolle spielen. Dazu gehören:

- Holzlöffel in verschiedenen Größen (mindestens drei);
- ein Gummischaber, mit dem der Boden von Schüsseln ausgekratzt werden kann;
- ein Pinsel zum Bestreichen und zum Einfetten von Backblechen und -formen;
- ein Schaumlöffel;
- ein rundes und ein trichterförmiges Sieb (eine mittlere Ausführung pro Sieb genügt);
- zwei Schneebesen (ein kleiner und ein mittlerer);
- zwei Schöpflöffel (ein kleiner und ein normaler);
- Meßbecher und eine Waage;
- mehrere Schneidbretter (ein kleines, ein mittleres und ein sehr großes);

- nicht unbedingt nötig, aber sehr nützlich: Ringe. Mit diesen Zylindern aus Metall oder Plastik in verschiedenen Durchmessern (6, 8 oder 10 cm) und verschiedenen Höhen (2 bis 6 cm) können Gerichte auf dem Teller „in Form" gebracht werden, um eine bessere Präsentation zu erzielen. Normalerweise läßt man die Speise im Ring festwerden und entfernt ihn erst kurz vor dem Servieren.

Diese Liste ist natürlich nicht vollständig, da ich davon ausgehe, daß die restlichen Kleinteile (von der Reibe über den Dosenöffner bis hin zum Zerkleinerer) bereits zum Kücheninventar gehören.

GEEIGNETE ZUSAMMENSTELLUNG VON GEWÜRZEN
UND AROMATISCHEN KRÄUTERN

LAMM	Curry, Dill, Knoblauch, Minze, Oregano, Rosmarin, Thymian.
RIND	Basilikum, Cayennepfeffer, Curry, Ingwer, Knoblauch, Kümmel, Lorbeerblatt, Majoran, Oregano, Paprika, Thymian.
SCHWEIN	Cayennepfeffer, Curry, Dill, Ingwer, Knoblauch, Koriander, Kümmel,Rosmarin, Salbei, Thymian.
KALB	Dill, Knoblauch, Koriander, Lorbeerblatt, Oregano, Rosmarin, Salbei, Thymian.
GEFLÜGEL	Basilikum, Curry, Estragon, Ingwer, Knoblauch, Koriander, Lorbeerblatt, Majoran, Oregano, Schnittlauch, Thymian.
EIER	Bohnenkraut, Cayennepfeffer, Curry, Estragon, Kümmel, Schnittlauch.
FISCH	Dill, Estragon, Koriander, Lorbeerblatt, Muskatnuß, Salbei, Schnittlauch, Thymian.
MEERESFRÜCHTE	Basilikum, Curry, Dill, Estragon, Gewürznelken, Kerbel, Koriander, Lorbeerblatt, Majoran, Oregano, Thymian.
SPARGEL	Basilikum, Dill, Estragon, Muskatnuß, Schnittlauch, Sesamkörner.
AUBERGINEN	Basilikum, Knoblauch, Majoran, Oregano, Paprika, Salbei, Thymian.
BROKKOLI, KOHL, ROSENKOHL	Basilikum, Curry, Estragon, Ingwer, Knoblauch, Kümmel, Majoran, Blumenkohl, Oregano, Thymian.

PILZE	Basilikum, Dill, Estragon, Knoblauch, Majoran, Oregano, Rosmarin, Schnittlauch.
ZUCCHINI	Basilikum, Dill, Estragon, Knoblauch, Majoran, Minze, Oregano, Schnittlauch.
SPINAT	Basilikum, Estragon, Knoblauch, Muskatnuß.
SAUBOHNEN	Basilikum, Bohnenkraut, Dill, Estragon, Majoran, Oregano, Rosmarin, Salbei, Schnittlauch.
TROCKENBOHNEN	Bohnenkraut, Cayennepfeffer, Estragon, Knoblauch, Koriander, Kümmel, Majoran, Oregano, Paprika, Rosmarin, Salbei, Thymian.
GRÜNE BOHNEN	Basilikum, Bohnenkraut, Dill, Estragon, Knoblauch, Lorbeerblatt, Majoran, Minze, Rosmarin.
WEISSE RÜBEN	Ingwer, Muskatnuß, Paprika, Zimt
ERBSEN	Basilikum, Bohnenkraut, Dill, Estragon, Majoran, Minze, Oregano, Schnittlauch.
PAPRIKASCHOTEN	Knoblauch, Koriander, Majoran, Oregano, Schnittlauch, Thymian.
TOMATEN	Bohnenkraut, Dill, Estragon, Knoblauch, Koriander, Majoran, Oregano, Rosmarin, Salbei, Schnittlauch, Thymian.
REIS	Curry, Estragon, Knoblauch, Kümmel, Salbei, Schnittlauch.

TEIL 2

MENÜVORSCHLÄGE FÜR DREI MONATE

(PHASE I)

Wie im ersten Kochbuch „Rezepte und Menüs" wurden diese Menüvorschläge erstellt, um Ihnen im Rahmen der Montignac-Methode bei der Ausarbeitung einer ausgewogenen Ernährung behilflich zu sein. Sämtliche Menüvorschläge beziehen sich auf die Phase I.

Als ein ganz kleiner Verstoß gegen diese Phase sind die süßen Nachspeisen (sehr leichte Ausnahmen) anzusehen, die samstags und sonntags zum Mittagessen gereicht werden.

Des weiteren könnten sich manche darüber wundern, daß zwei Lebensmittel aufgeführt werden, die sie in der Phase I bisher für verboten hielten: geriebene Karotten und Apfelkompott.

In den vorangegangenen Werken wurde tatsächlich empfohlen, auf den Verzehr von Karotten zu verzichten, da ihr glykämischer Index besonders hoch ist. Doch die Informationen, die uns zu diesem Schluß kommen ließen, bezogen sich in Wirklichkeit auf gekochte Karotten. In der Zwischenzeit haben wir mit großer Zufriedenheit festgestellt, daß rohe Karotten über einen ganz akzeptablen glykämischen Index verfügen (30). Deshalb ist gegen ihren Verzehr in der Phase I nichts mehr einzuwenden, was vor allem für Kohlenhydrat-Mahlzeiten gilt.

Bei den gekochten Äpfeln verhält es sich etwas anders, da zu keinem Zeitpunkt Einwände gegen ihren Verzehr bestanden. Daß einige Leser darauf verzichtet haben, ist ganz einfach auf ein Mißverständnis zurückzuführen, das es auszuräumen gilt. Die Empfehlung, Obst auf nüchternen Magen zu sich zu nehmen, ist immer noch gültig, falls es sich um frisches Obst handelt: wenn es zum Schluß einer Mahlzeit verzehrt wird, könnte es anfangen zu gären und eine Verdauungsstörung auslösen. Aus Gründen einer besseren Verdauung (und nicht wegen einer möglichen Gewichtszunahme) wurde deshalb diese Empfehlung ausgesprochen. Bei gekochtem Obst kommt es jedoch praktisch zu keiner Gärung im Magen. Bestimmte Obstsorten mit einem sehr niedrigen glykämischen Index, wie zum Beispiel Äpfel, können demnach in gekochter Form verzehrt werden.

Außerdem ist festzuhalten, daß im Hinblick auf eine ausgewogene Ernährung die Menüvorschläge mit einem Kohlenhydrat-Frühstück kombiniert werden sollten, d.h. Schrotbrot, ungezuckerte Fruchtmarmelade oder Müsli bzw. Müslimischung ohne Zuckerzusatz sowie frisches Obst vor oder zwischen den Mahlzeiten, wie es von der Methode empfohlen wird.

Die Mehrheit der in den Menüvorschlägen enthaltenen Gerichte ist mit einem Sternchen versehen. Dies weist darauf hin, daß die entsprechenden Rezepte im Buch aufgeführt sind.

	Mittagessen	Abendessen
MONTAG	• Feldsalat • Hühnerbrust mit Limettensauce* • Grüne Bohnen • Käse	• Champignoncremesuppe* • Tomaten gefüllt mit Vollkorngrieß* • Joghurt
DIENSTAG	• Tomatensalat • Kalbsschnitzel mit Parmaschinkensahne* • Zuckererbsen	• Käsesoufflé* • Grüner Salat • Joghurt • Käse
MITTWOCH	• Champignonsalat* • Makrelen in Weißwein • Chicorée • Käse	• Blumenkohlsalat • Spiegeleier mit rohem Schinken* • Quark/Frischkäse
DONNERSTAG	• Sellerie mit Remouladensauce • Forellen mit Mandeln • Spinatpüree • Käse	• Lauchcremesuppe • Vollkornnudeln mit Tomatensauce • Magerjoghurt
FREITAG	• Marinierte Auberginen* • Puteneintopf* • Käse	• Sauerampfersuppe • Brokkolisalat mit Mandeln* • Joghurt
SAMSTAG	• Lachs-Carpaccio* • Schweinebraten mit Curry* • Rosenkohl • Käse	• Tomatenkraftbrühe* • Vollkorngrieß mit Gemüse • Quark / Frischkäse 0 % • Gerührte Äpfel mit Zimt*
SONNTAG	• Avocadocreme mit Garnelen • Lachs in Salzkruste* • Brokkoli • Kastaniencreme in Schokoladensauce*	• Rühreier mit Paprikapüree* • Salat • Käse

* Siehe Rezeptteil

	Mittagessen	Abendessen
MONTAG	• Chicoréesalat • Grillsteaks vom Schwein provenzalisch* • Tomaten provenzalisch*	• Quiche rustikal* • Salat • Vollmilchjoghurt • Käse
DIENSTAG	• Sojabohnensprossensalat • Kalbsleber mit Zwiebeln* • Käse	• Gurke mit Magerjoghurt • Vollkornreis mit Tomatenpüree • Apfelkompott
MITTWOCH	• Gurkenkaltschale • Gegrilltes Lachsfilet mit Tamari* • Brokkoli	• Muscheln in Sojasahne* • Grüner Salat • Vollmilchjoghurt • Käse
DONNERSTAG	• Paprikasalat mit Bacon* • Rindsgulasch mit Rotwein* • Selleriepüree • Joghurt	• Bandnudeln mit Champignonpüree • Magerquark/-frischkäse
FREITAG	• Avocado • Hühnerbrust provenzalisch* • Grüner Salat • Käse	• Tortilla à la Montignac* • Grüner Salat • Vollmilchjoghurt
SAMSTAG	• Überbackene Zwiebeln* • Stockfisch provenzalisch* • Gedämpftes Lauchgemüse* • Käse	• Lauchcremesuppe* • Tintenfische provenzalisch* • Karamelcreme mit Fruchtzucker*
SONNTAG	• Quappenterrine* • Jakobsmuscheln mit Schalotten und Sojasahne* • Salatplatte*	• Rühreier mit Sauerampfer* • Grüner Salat • Käse • Aprikosencreme mit Aprikosenpüree*

* Siehe Rezeptteil

	Mittagessen	Abendessen
MONTAG	• Muschelsalat • Hühnerbrust mit Estragon in Folie gegart* • Chicorée • Käse	• Lauchauflauf* • Grüner Salat • Bratäpfel
DIENSTAG	• Chicoréesalat • Kalbfleisch mit Paprikagewürz* • Käse	• Vollkornspaghetti mit Tomatensauce • Magerjoghurt
MITTWOCH	• Lauch in Essig-Öl-Marinade • Gegrillter Thunfisch • Ratatouille* • Käse	• Fischsuppe • Eier mit Estragon* • Salat mit warmem Ziegenkäse
DONNERSTAG	• Champignoncremesuppe • Entrecôte mit Bordeaux-Sauce* • Grüne Bohnen • Käse	• Geriebene Karotten mit Zitronensaft • Linsen mit Tomaten • Quark / Frischkäse 0 %**
FREITAG	• Hühnerbrustsalat* • Rühreier mit Paprikapüree* • Käse	• Schinken mit Zucchini und Parmesan* • Grüner Salat • „Sojajoghurt"
SAMSTAG	• Sellerie mit Avocado-Remouladensauce* • Kalbsroulade mit Schinken provenzalisch* • Salat • Rote Früchte-Creme*	• Hähnchen provenzalischer Art* • Grüner Salat • Joghurt
SONNTAG	• Austern • Ringeltaubenragout* • Selleriepüree • Schokoladenpudding*	• Knoblauchcremesuppe* • Pochierte Eier provenzalisch* • Salat • Käse

* Siehe Rezeptteil – ** Bei diesen Produkten ist der Fettgehalt nicht immer ausgewiesen. 0 % Fettgehalt bedeutet: Milchprodukte aus entrahmter Milch.

	Mittagessen	Abendessen
MONTAG	• Rettich • Thunfisch-Tomaten-Creme* • Chicoréesalat • Käse	• Gemüsesuppe • Geflügelleberterrine* • Salat • Quark / Frischkäse
DIENSTAG	• Palmherzen • Kalbsschnitzel mit Parmaschinkensahne* • Blumenkohlpüree • Käse	• Brokkolicremesuppe • Vollkornreis mit Tomatensauce • Magerjoghurt
MITTWOCH	• Champignonsalat* • Calamares mit Zwiebeln* • Joghurt	• Kohlsuppe* • Zucchini-Paprika-Auflauf* • Käse
DONNERSTAG	• Rotkohlsalat mit Walnüssen* • Geschnetzeltes Kalbfleisch* • Gedünsteter Chicorée* • Käse	• Geriebene Karotten mit Zitronensaft • Vollkornnudeln mit Tomatenpüree und Basilikum • Magerjoghurt
FREITAG	• Avocado in Essig-Öl-Marinade • Schweinekoteletts in Senfsauce* • Gedünsteter Chicorée • Käse	• Champignonomelett • Salat • Joghurt
SAMSTAG	• Marinierter Lachs • Kalbsfrikassee à la Montignac* • Pfirsiche mit Himbeerquarkcreme*	• Muschelsuppe mit Crème fraîche* • Goldbrassen baskischer Art* • Geschmortes Lauchgemüse* • Käse
SONNTAG	• Eingelegter Muskelmagensalat • Entenbrustbraten* • Champignons mit Petersilie* • Frische Mandelcreme*	• Tomatenauflauf* • Salat • Apfelkompott

* Siehe Rezeptteil

	Mittagessen	Abendessen
MONTAG	• Blumenkohl in Essig-Öl-Marinade • Hähnchen mit Knoblauch* • Knollensellerie*	• Tomatenkraftbrühe* • Couscous mit Gemüse • Magerjoghurt • Käse
DIENSTAG	• Champignons griechischer Art • Schweinebraten mit Curry* • Rosenkohl • Käse	• Fetaterrine kretischer Art* • Käseomelett • Grüner Salat • Joghurt
MITTWOCH	• Griechischer Salat (Tomaten und Feta) • Rotzungen kretischer Art* • Spinat • Käse	• Taboulé mit frischer Minze • Salat • Apfelkompott
DONNERSTAG	• Grüner Bohnensalat mit Frühlingszwiebeln • Tatarbeefsteak • Käse	• Kohlsuppe* • Vollkornspaghetti mit Zucchini • Magerjoghurt
FREITAG	• Chicoréesalat mit Walnüssen • Lammrücken provenzalisch* • Champignons mit Petersilie* • Joghurt	• Thunfisch in Knoblauchmarinade* • Auberginenauflauf* • Käse
SAMSTAG	• Kressesalat mit Speckwürfeln* • Gegrillter Seewolf mit Fenchel* • Geschmortes Lauchgemüse* • Zitronencreme*	• Grüner Salat mit Pinienkernen • Pochierte Eier provenzalisch* • Joghurt
SONNTAG	• Scampi mit Mayonnaise • Entenbrust mit Orangen* • Tomaten provenzalisch* • Himbeercreme*	• Kressecremesuppe • Artischocken in Essig-Öl-Marinade • Käse

* Siehe Rezeptteil

	Mittagessen	Abendessen
MONTAG	• Endiviensalat mit Speckwürfeln • Rinderschmorbraten provenzalisch* • Selleriepüree* • Käse	• Tomatencremesuppe* • Vollkornnudeln mit Champignons • Salat • Magerjoghurt
DIENSTAG	• Palmherzen • Schweinebraten • Auberginen • Käse	• Käsesoufflé* • Grüner Salat • Apfelkompott
MITTWOCH	• Grüner Salat mit warmem Ziegenkäse* • Gegrillte Gambas • Rahmspinat • Feta	• Schalottensuppe mit Sojasahne* • Hühnerbrust provenzalisch* • Salat • Joghurt
DONNERSTAG	• Thunfisch-Tatar* • Entenbrust mit Oliven* • Salat • Käse	• Geriebene Karotten • Vollkornreis mit Curry* • Magerjoghurt
FREITAG	• Rettich • Putenrahmschnitzel* • Geschmorte Zucchini • Käse	• Eierhälften mit Thunfischmayonnaise* • Salat mit warmem Ziegenkäse*
SAMSTAG	• Käsecreme provenzalisch* • Seezungenfilets mit Lachs* • Brokkoli • Mokkaschaumcreme*	• Krabbencremesuppe* • Seebarschfilet mit Schalottensauce* • Spinat • Joghurt
SONNTAG	• Überbackene Jakobsmuscheln* • Tauben mit grünen Erbsen • Katalanische Creme mit Himbeeren*	• Zwiebelsuppe • Tomaten gefüllt mit Champignons • Käse

* Siehe Rezeptteil

	Mittagessen	Abendessen
MONTAG	• Brokkolisalat mit Mandeln* • Schweinekamm mit weißen Rüben* • Käse	• Magere Gemüsebrühe • Bandnudeln mit Champignonpüree • Magerjoghurt
DIENSTAG	• Tomaten-Gurken-Salat • Carpaccio* • Grüner Salat • Käse	• Käsecreme provenzalisch* • Hühnerbrustspieße • Salat • Joghurt
MITTWOCH	• Grüner Bohnensalat • Seezungenfilet mit Sojasahne* • Käse	• Magere Lauchsuppe • Weiße Bohnen mit Tomatensauce • Magerjoghurt mit unge-zuckerter Fruchtkonfitüre
DONNERSTAG	• Endiviensalat mit Speckwürfeln • Gegrillte Entenbrust • Schwarzwurzeln • Käse	• Kressecremesuppe • Geflügelleberterrine mit Lauch* • Quark / Frischkäse im Körbchen (zum Abtropfen)
FREITAG	• Avocado mit Krabben • Stockfisch provenzalisch* • Gedämpftes Lauchgemüse • Käse	• Tomatenkraftbrühe* • Vollkornspaghetti mit Basilikum • Magerjoghurt
SAMSTAG	• Saubohnensalat mit Bacon* • Fische und Meeresfrüchte im Sud* • Katalanische Creme mit Himbeeren*	• Calamares mit Zwiebeln* • Apfelomelett*
SONNTAG	• Lachstaschen gefüllt mit Lachscreme* • Rotbarbenfilets mit Sahnesauce* • Pürierte grüne Bohnen • Apfelsoufflé flambiert mit Calvados*	• Champignoncremesuppe • Rührei mit Sauerampfer* • Grüner Salat • Quark / Frischkäse mit Kräutern

* Siehe Rezeptteil

	Mittagessen	Abendessen
MONTAG	• Gurkensalat • Pute mit Äpfeln* • Quark / Frischkäse im Körbchen (zum Abtropfen)	• Magere Spargelcremesuppe • Weiße Bohnen mit Tomatensauce • Magerjoghurt mit Fruchtkonfitüre
DIENSTAG	• Chicoréesalat mit Walnüssen • Gegrillte Lachsscheibe • Grüne Bohnen • Käse	• Sauerampfersuppe* • Geflügelleberterrine* • Grüner Salat • Joghurt
MITTWOCH	• Überbackene Zwiebeln* • Thunfisch-Tomaten-Creme* • Käse	• Gurkenkaltschale* • Quiche rustikal* • Grüner Salat
DONNERSTAG	• Sellerie mit Remouladensauce* • Hammelfilet provenzalisch* • Ratatouille* • Käse	• Fischsuppe • Forelle mit Mandeln* • Salat • Quark/Frischkäse im Körbchen (zum Abtropfen)
FREITAG	• Nizzaer Salat • Entenbrust mit Oliven* • Tomaten provenzalisch* • Käse	• Tomatenkraftbrühe* • Vollkornnudeln mit Paprikapüree • Quark / Frischkäse mit Kräutern
SAMSTAG	• Geräucherter Lachs • Rinderbraten • Grüne Bohnen • Birnen Helene	• Schalottensuppe mit Sojasahne* • Artischocken • Joghurt
SONNTAG	• Marinierte Jakobsmuscheln mit Dill* • Rotbarbenfilets mit Sahnesauce* • Gedämpfter Brokkoli • Frische Mandelcreme*	• Spiegeleier mit rohem Schinken* • Salat • Joghurt

* Siehe Rezeptteil

	Mittagessen	Abendessen
MONTAG	• Blumenkohlsalat • Hähnchen mit Knoblauch* • Gedünstetes Fenchelgemüse* • Käse	• Spargelcremesuppe • Couscous mit Gemüse • Magerjoghurt
DIENSTAG	• Endiviensalat mit Speckwürfeln • Gegrillte Blutwurst • Äpfel mit Zimt • Käse	• Knoblauchcremesuppe* • Hühnerbrust mit Estragon* • Grüner Salat • Quark/Frischkäse im Körbchen (zum Abtropfen)
MITTWOCH	• Tomatensalat mit Feta • Seezungenfilets • Auberginenpüree • Quark/Frischkäse im Körbchen (zum Abtropfen)	• Tortilla à la Montignac* • Grüner Salat • Joghurt
DONNERSTAG	• Rotkohlsalat • Kalbfleisch mit Paprikagewürz* • Gedünstete weiße Rüben • Käse	• Tomatenkraftbrühe* • Bandnudeln mit • Champignonpüree • Magerjoghurt
FREITAG	• Avocadocreme* • Schwertfischspieße* • Ratatouille* • Käse	• Sauerkrautsuppe* • Geschnetzeltes Kalbfleisch* • Gedünsteter Chicorée* • Bratäpfel
SAMSTAG	• Lachstaschen gefüllt mit • Lachscreme* • Lammkeule mit Rosmarin* • Grüne Bohnen • Nektarinengratin*	• Fischsuppe • Tintenfische provenzalisch* • Salat • Käse
SONNTAG	• Zucchini-Paprika-Auflauf* • Tournedos provenzalisch* • Champignons mit Petersilie* • Karamelcreme mit Fruchtzucker*	• Rührreier mit Krabben* • Salat • Käse

* Siehe Rezeptteil

	Mittagessen	Abendessen
MONTAG	• Endiviensalat mit Speckwürfeln • Rebhuhn mit Kohl* • Käse	• Geriebene Karotten mit Zitronensaft • Linsen mit Tomaten • Magerjoghurt
DIENSTAG	• Sojabohnensprossensalat • Kalbsleber mit Basilikum* • Gedünsteter Chicorée* • Käse	• Käseomelett • Salat • Joghurt
MITTWOCH	• Tomaten mit Mozzarella • Frische Sardinen in Sherryessig* • Gedämpfter Brokkoli • Käse	• Gemüsesuppe provenzalisch* • Quark / Frischkäse im Körbchen (zum Abtropfen)
DONNERSTAG	• Grüner Bohnensalat* • Entrecôte mit Bordeaux-Sauce* • Paprikapüree* • Käse	• Tomaten gefüllt mit Vollkorngrieß* • Magerjoghurt
FREITAG	• Gurkensalat • Ente mit Oliven* • Tomatenauflauf* • Käse	• Marinierte Auberginen* • Spiegeleier mit rohem Schinken* • Käse
SAMSTAG	• Jakobsmuschelauflauf* • Lammkeule mit Minze* • Brokkoli • Mokkaschaumcreme*	• Gazpacho andalusisch* • Steinbutt mit Sauerampfer* • Salat • Flambierte Aprikosen mit Eiermilchcreme*
SONNTAG	• Käsecreme provenzalisch* • Steinbutt mit Fenchel* • Grüner Salat* • Kirschauflauf*	• Rühreier mit Sauerampfer* • Salat • Joghurt

* Siehe Rezeptteil

	Mittagessen	Abendessen
MONTAG	• Palmherzen • Putenrahmschnitzel* • Käse	• Lauchcremesuppe* • Zucchini gefüllt mit • Quark/Frischkäse • Joghurt
DIENSTAG	• Chicoréesalat • Pfeffersteak • Pürierte grüne Bohnen • Käse	• Avocado • Hähnchen provenzalischer Art* • Salat • Joghurt

MITTWOCH	• Lauch in Essig-Öl-Marinade
	• Seelachsfilet
	• Spinatpüree*
	• Käse
		• Magere Champignon-
		  cremesuppe
		• Vollkornreis mit Curry*
		• Salat mit Zitrone
		• Quark/Frischkäse 0%
		  mit Kräutern

DONNERSTAG	• Rotkohl in
	  Essig-Öl-Marinade
	• Gemüsespieße
	  provenzalischer Art*
	• Käse
		• Kressesuppe
		• Rotzunge kretischer Art*
		• Rosenkohl
		• Joghurt

FREITAG	• Champignons mit Petersilie*
	• Geflügelleber
	• Grüne Bohnen
	• Käse
		• Tomatenkraftbrühe*
		• Rote Bohnen und
		  Artischockenböden mit
		  Quark/Frischkäse 0%
		• Magerjoghurt

SAMSTAG	• Spargel • Hähnchen in Burgunder* • Sauerkraut • Birnen in Rotwein*	• Überbackene Zwiebeln* • Eier in Aspik mit Estragon* • Salat • Käse

SONNTAG	• Marinierte Jakobsmuscheln
	  mit Dill*
	• Flambiertes Perlhuhn mit
	• Chicorée*
	• Himbeerquarkcreme mit
	  Himbeerpüree*
		• Frische Vollkornnudeln
		  mit Tomatensauce und
		  Basilikum
		• Magerjoghurt

* Siehe Rezeptteil

	Mittagessen	Abendessen
MONTAG	• Grüner Salat mit warmem Ziegenkäse* • Schweinekoteletts in • Senfsauce* • Gedünstetes Fenchelgemüse* • Käse	• Gurkenkaltschale* • Artischocken in Essig-Öl-Marinade • Joghurt
DIENSTAG	• Palmherzen • Durchwachsener Speck • Kohl nach altem Rezept* • Käse	• Lauchauflauf* • Grüner Salat • Quark/Frischkäse im Körbchen (zum Abtropfen)
MITTWOCH	• Rettich • Merlanfilet • Grüne Bohnen • Käse mit Kräutern	• Magere Linsensuppe • Tomaten gefüllt mit Vollkorngrieß* • Quark/Frischkäse 0 %
DONNERSTAG	• Champignons griechischer Art • Kalbsfrikassee à la Montignac* • Käse	• Krabben • Thunfisch in Knoblauchmarinade* • Salat • Joghurt
FREITAG	• Blumenkohlsalat • Kalbsleber mit Basilikum* • Tomaten provenzalisch • Käse	• Schalottensuppe mit Sojasahne* • Tomatenauflauf* • Grüner Salat • Joghurt
SAMSTAG	• Überbackene Zwiebeln* • Hähnchen mit Steinpilzen* • Himbeercreme mit Himbeerpüree*	• Sauerampfersuppe* • Forellen mit Mandeln* • Brokkolisalat • Käse
SONNTAG	• Feinschmeckersalat* • Lachs in Salzkruste* • Chicorée in Sahnesauce* • Birnengratin*	• Vollkornspaghetti mit Tomatensauce • Magerjoghurt

* Siehe Rezeptteil

TEIL 3

REZEPTE

VORSPEISEN

HORS D´ŒUVRES

SUPPEN

EIERSPEISEN

AVOCADOCREME

FÜR 5 PERSONEN

Zubereitungszeit: 15 Minuten
Keine Garzeit

ZUTATEN:

4	vollreife Avocados
•	Saft von 1 1/2 Zitronen
300 g	Quark/Frischkäse im Körbchen (zum Abtropfen)
50 g	entsteinte schwarze Oliven
1 1/2 EBl.	frische gehackte Petersilie
1 EBl.	gehackter Dill
1 EBl.	Olivenöl
•	Salz, Pfeffer, gemahlener Koriander
•	Cayennepfeffer (1 bis 2 Prisen)

Das Fruchtfleisch der Avocados mit Zitronensaft, Petersilie, Dill, schwarzen Oliven, Salz, Pfeffer, Koriander und Cayennepfeffer im **Mixer** pürieren.

Danach in einer Schüssel mit dem gut abgetropften Quark/Frischkäse verrühren. Abschmecken.

Die Masse in eine Form oder in einzelne Ringe (siehe Seite 21) geben und 4 bis 5 Stunden in den Kühlschrank stellen.

Aus der Form nehmen und auf einem Salatbett servieren. Mit Petersilie und Oliven garnieren.

AVOCADOCREME MIT GARNELEN

FÜR 4 PERSONEN

Zubereitungszeit: 15 Minuten
Garzeit: 2 Minuten

ZUTATEN:

5	vollreife Avocados
250 g	geschälte Garnelen
2	Zitronen
12 g	Agar-Agar (Meeresalge)
3 Eßl.	Montbazillac (likörartiger Weißwein)
1 Teel.	gemahlener grüner Pfeffer
•	Salz, Cayennepfeffer

Garnelen gut abtropfen lassen.

Das Fruchtfleisch der Avocados mit Zitronensaft und grünem Pfeffer im **Mixer** pürieren.

Das Agar-Agar bei schwacher Hitze in Montbazillac dünsten.

Alles gut vermengen und mit Salz und Cayennepfeffer würzen.

Die Masse in eine Form geben und gut festdrücken.

Mindestens 6 Stunden in den Kühlschrank stellen.

Auf Salat anrichten und mit einer leichten Mayonnaise servieren.

RINDERCARPACCIO

Siehe Foto nach Seite 64

FÜR 4 PERSONEN

ZUTATEN:

Zubereitungszeit: 10 Minuten
Keine Garzeit

300 g Carpaccio aus Rindfleisch
- Olivenöl
- Salz, Pfeffer
- Kräuter der Provence

Beim Metzger oder im Supermarkt küchenfertiges Carpaccio kaufen.

Carpaccioscheiben auf großen Tellern anrichten.

Olivenöl darübergießen (bei Bedarf mit einem Pinsel verteilen, damit sämtliche Scheiben davon bedeckt sind).

Mit Salz und Pfeffer würzen und leicht mit Kräutern der Provence bestreuen.

Vor dem Servieren 10 bis 15 Minuten ziehen lassen.

TIP:
Anstelle mit Kräutern der Provence können die Carpaccioscheiben auch mit Parmesan bestreut werden.

FETATERRINE KRETISCHER ART

FÜR 6 PERSONEN

Zubereitungszeit: 30 Minuten
Garzeit: 15 Minuten

ZUTATEN:

500 g	sehr frischer Feta
3	rote Paprikaschoten
3	zerdrückte Knoblauchzehen
3 EßI.	feingehacktes Basilikum
•	und etwa 20 ganze Blätter
2 Blätter	Gelatine (oder Agar-Agar)
200 ml	Olivenöl
100 ml	Crème fraîche
10	entsteinte, sehr fein geschnittene schwarze Oliven
1 EßI.	Balsamessig
•	Salz, Pfeffer aus der Mühle
•	frischer Thymian
•	frische Petersilie

Paprikaschoten halbieren, entstielen und entkernen. Paprikahälften im Backofen grillen, bis die Haut dunkel wird und Blasen wirft. Danach abziehen und in 1 cm dicke Streifen schneiden.

Den Feta in einem großen Gefäß zerdrücken und gut mit dem Olivenöl vermengen. Mit Salz und reichlich Pfeffer würzen.

Gelatineblätter in kaltem Wasser einweichen. Crème fraîche leicht erhitzen (ohne zum Kochen zu bringen), die ausgedrückte Gelatine darin auflösen. Das Ganze unter den Feta mischen.

Knoblauchzehen, Balsamessig, feingehacktes Basilikum, frischen Thymian und kleingeschnittene schwarze Oliven zufügen. So lange rühren, bis eine sämige Masse entstanden ist.

Eine gefettete **Kastenform** abwechselnd mit einer Schicht Käse und einer Schicht Paprikastreifen füllen. In der Mitte und zum Schluß eine Schicht Basilikumblätter einlegen.

Mindestens 6 Stunden in den Kühlschrank stellen.

In Scheiben geschnitten servieren, dabei die Teller mit Basilikumblättern und Petersilie garnieren.

FRISCHE SARDINEN IN SHERRYESSIG

FÜR 4 PERSONEN

Zubereitungszeit: 30 Minuten
Keine Garzeit

ZUTATEN:

1 kg	frische Sardinen
4	zerdrückte Schalotten
4 bis 5	Lorbeerblätter
1 Glas	Sherryessig (100 ml)
•	Olivenöl
•	grobes Salz, Pfeffer aus der Mühle
1	Zitrone

Sardinen schuppen, unter fließendem Wasser ausnehmen und die Köpfe abtrennen.

Filets entlang der Rückengräte ablösen, waschen und auf eine Platte legen.

Sherryessig und Schalotten miteinander vermengen und über die Sardinen gießen.

Lorbeerblätter darauf verteilen.

1 Eßl. grobes Salz darüberstreuen.

4 Stunden ziehen lassen.

Danach Sardinenfilets abspülen und auf **Küchenkrepp** abtropfen lassen.

Filets wieder auf eine Platte legen, mit Olivenöl begießen und mit reichlich Pfeffer aus der Mühle würzen.

Mit Zitronenscheiben garniert servieren.

GEFLÜGELLEBERTERRINE

FÜR 5-6 PERSONEN   ZUTATEN:

Zubereitungszeit: 30 Minuten
Garzeit: 65 Minuten

600 g	Geflügelleber
3	in dünne Scheiben geschnittene Zwiebeln
4	zerdrückte Knoblauchzehen
500 g	Champignons
200 ml	flüssige Sahne
5	Eigelb
•	Olivenöl
•	Gänsefett
•	Kräuter der Provence
•	Salz, Pfeffer, Cayennepfeffer
•	Gewürzgurken

Geflügelleber von den Sehnen befreien und in einer **antihaftbeschichteten Pfanne** bei schwacher Hitze einige Minuten in Gänsefett braten. Mit Salz, Pfeffer, Cayennepfeffer und Kräutern der Provence würzen. Danach beiseite stellen.

Champignons putzen und in dünne Scheiben schneiden. Champignonscheiben in Olivenöl sachte dünsten, damit sie möglichst viel Flüssigkeit verlieren. Flüssigkeit zwischendurch abgießen.

Zur gleichen Zeit Zwiebelscheiben in einer Pfanne bei schwacher Hitze in Olivenöl dünsten.

Geflügelleber, Champignon- und Zwiebelscheiben (ohne das zum Garen verwendete Fett) in eine große Schüssel geben. Zerdrückten Knoblauch, flüssige Sahne und Eigelb zufügen. Mit Salz, Pfeffer und Cayennepfeffer würzen. Danach im **Mixer** zu einer homogenen Masse pürieren.

In eine **feuerfeste Form** füllen und mit Kräutern der Provence bestreuen.

Bei 160° C (Stufe 5) für 45 Minuten in den Backofen schieben.

In Scheiben geschnitten auf einem Salatbett servieren, Gewürzgurken dazu reichen.

GEFLÜGELLEBERTERRINE MIT LAUCH

FÜR 4–5 PERSONEN

Zubereitungszeit: 30 Minuten
Garzeit: 50 Minuten

ZUTATEN:

10	weiße Lauchteile
600 g	Geflügelleber
4	in dünne Scheiben geschnittene Schalotten
•	Gemahlene Gelatine
3/4 Glas	Sherryessig (ca. 7 cl)
•	Gänsefett
3/4 l	Hühnerbrühe
•	Olivenöl
•	Salz, Pfeffer, Cayennepfeffer

Lauch 30 Minuten in der Hühnerbrühe garen. Danach abtropfen lassen und beiseite stellen. Hühnerbrühe zurückbehalten.

Geflügelleber und Schalottenscheiben in einer Pfanne bei schwacher Hitze in 1 Eßl. Gänsefett braten. Mit Salz, Pfeffer und Cayennepfeffer würzen. Mit Sherryessig den Ansatz vom Boden der Pfanne lösen.

Eine **Steingutform** waagerecht mit Lauch auslegen.

Geflügelleber und restlichen Lauch nacheinander hineinfüllen.

Gelatine in 1/4 l zurückbehaltener Hühnerbrühe anrühren.

Die Masse mit der lauwarmen Gelierflüssigkeit übergießen, bevor sie anfängt, fest zu werden. Glattstreichen und 5 bis 6 Stunden in den Kühlschrank stellen.

Aus der Form nehmen und in 1,5 cm dicke Scheiben schneiden.

Auf einem Salatbett servieren.

JAKOBSMUSCHELAUFLAUF

Siehe Foto vor Seite 65

FÜR 4 PERSONEN

Zubereitungszeit: 25 Minuten
Garzeit: 1 Stunde

ZUTATEN:

4	große Jakobsmuscheln mit Rogen (oder 8 kleine)
2	kleine Dosen Hummersuppe (je 400 ml)
3	Eigelb und 2 ganze Eier
200 ml	flüssige Sahne
•	Salz, Pfeffer

Muschelfleisch vom Rogen trennen.

Rogen und flüssige Sahne im **Mixer** pürieren.

Hummersuppe erhitzen, ohne zu kochen.

Rogenpüree zufügen, weitere 2 Minuten erhitzen. Vom Herd nehmen, 10 Minuten ruhen lassen. Ein Drittel der Mischung für die Sauce zurückbehalten.

2 ganze Eier und 2 Eigelb in einer großen Schüssel verquirlen. Die restlichen zwei Drittel der Mischung vorsichtig unterrühren.

Das Ganze unter ständigem Rühren bei schwacher Hitze so lange kochen lassen (oder noch besser im **Wasserbad**), bis eine dicke, sämige Masse entstanden ist. Abschmecken.

In mit Muschelfleisch gefüllte **Auflaufformen** geben und im vorgeheizten Backofen bei 130° C (Stufe 4) 30 Minuten im Wasserbad garen.

Vor dem Servieren das zurückbehaltene Drittel der Mischung ins Wasserbad geben. Ein Eigelb zufügen und die Sauce unter Rühren bei schwacher Hitze leicht eindicken lassen. Abschmecken.

Aus den Formen nehmen und auf vorgewärmten Tellern anrichten, mit der Sauce übergießen.

ANMERKUNG:

Der Auflauf kann auch im Kühlschrank aufbewahrt und kurz vor dem Servieren in der Mikrowelle oder bei schwacher Hitze im Backofen (100° C – Stufe 2/3) aufgewärmt werden.

KÄSECREME PROVENZALISCH

FÜR 4 PERSONEN	ZUTATEN:	
Zubereitungszeit: 25 Minuten	400 g	Quark/Frischkäse im Körbchen
Keine Garzeit		(zum Abtropfen)
	1	große Gurke
	2	Eiweiß
	2 Eßl.	gehackter Schnittlauch
	2 Eßl.	gehackte Petersilie
	2 Eßl.	Olivenöl
	2	zerdrückte Knoblauchzehen
	2 Teel.	scharfer Senf

Ringe mit 8 cm Durchmesser (siehe Seite 21) bereitlegen.

Gurke in dünne Scheiben schneiden (2 mm), salzen, abtropfen lassen.

Eiweiß steif schlagen.

Gut abgetropften Quark/Frischkäse, Eischnee, Petersilie, Schnittlauch, Olivenöl, Senf und zerdrückte Knoblauchzehen in einer Schüssel miteinander vermengen. Mit Salz und Pfeffer würzen.

Den Boden und die Wände der Ringe (1 Ring pro Teller) mit Gurkenscheiben auslegen. Die Mischung hineinfüllen, Gurkenscheiben darauf verteilen. Danach 3 Stunden in den Kühlschrank stellen.

Mit Petersilie oder Salat garniert servieren, nach Belieben mit etwas Olivenöl begießen.

KÄSESOUFFLÉ

FÜR 4 PERSONEN   ZUTATEN:

Zubereitungszeit: 25 Minuten   6   Eier
Backzeit: 20 Minuten   200 g   geriebener Käse
                      4 Eßl.   Crème fraîche

Eigelb und Eiweiß getrennt in zwei große Schüsseln geben.

Eigelb mit geriebenem Käse vermengen, bis eine homogene Masse entstanden ist. Mit Salz und Pfeffer würzen.

Crème fraîche leicht schlagen, untermischen.

Eiweiß mit einer Prise Salz steif schlagen, vorsichtig unterheben.

Die Masse in eine eingeölte Souffléform geben.

Bei 190° C (Stufe 6) in den Backofen schieben.

Sofort die Temperatur auf 250° C (Stufe 8) erhöhen, damit das Soufflé aufgeht und eine goldbraune Farbe bekommt.

Den Backvorgang überwachen, ohne den Ofen zu öffnen, damit das Soufflé nicht zusammenfällt. Nach 20 Minuten (bei optimaler Höhe und Farbe) dürfte es fertig sein.

Sofort servieren!

LACHSTASCHEN
GEFÜLLT MIT LACHSCREME

FÜR 4 PERSONEN   ·   ZUTATEN:

Zubereitungszeit: 20 Minuten
Keine Garzeit

16	Scheiben geräucherter Lachs
200 g	Crème fraîche
200 ml	flüssige Sahne (sehr kalt)
1 Eßl.	gehackter Dill
1 Eßl.	gehackter Schnittlauch und einige ganze Stengel
•	einige Stengel Petersilie
•	Pfeffer

Die acht schönsten Lachsscheiben für die Taschen zurückbehalten.

Den restlichen Lachs im **Mixer** zu einem Püree verarbeiten.

Flüssige Sahne mit einer Prise Salz in einer großen Schüssel steif schlagen.

Lachspüree und Schlagsahne miteinander vermengen, die Hälfte des Dills und die Hälfte des Schnittlauchs zufügen. Mit Pfeffer würzen.

Taschen formen (mit Hilfe einer Tasse oder einer kleinen **Auflaufform**), mit der Creme füllen und mit zwei oder drei Schnittlauchstengeln zubinden.

Auf Tellern servieren, mit den restlichen Kräutern, Petersiliestengeln und Creme (falls vorhanden) garnieren.

ANMERKUNG:

Die Taschen haben die Form eines Geldbeutels. Die Lachsscheiben werden auf den Boden einer Tasse oder einer kleinen Auflaufform gelegt und mit der Creme gefüllt. Dann werden die Ränder vorsichtig zusammengedrückt und mit den Schnittlauchstengeln umwickelt.

MARINIERTE AUBERGINEN

ZUTATEN:

Zubereitungszeit: 20 Minuten   4 Auberginen
Keine Garzeit   2 Knoblauchzehen
      • Olivenöl
      • Kräuter der Provence
      • Salz, Pfeffer, Cayennepfeffer

Auberginen in mindestens 1 cm dicke Scheiben schneiden.

Auberginenscheiben in einem **Dämpftopf** 20 Minuten lang dämpfen, gut abtropfen lassen.

In einer Schüssel eine Marinade aus 150 ml Olivenöl, zerdrücktem Knoblauch, Salz, Pfeffer und Cayennepfeffer anrühren. (Vor allem reichlich salzen, da die Auberginen ohne Salz gedämpft wurden.)

Auberginenscheiben nacheinander in eine Steinzeugform schichten, dabei jede Schicht mit reichlich Marinade begießen und ausgiebig mit Kräutern der Provence bestreuen.

Gut festdrücken, mit **Aluminiumfolie** abdecken und in den Kühlschrank stellen, wo die Auberginenscheiben mehrere Tage aufbewahrt werden können.

 TIP:

Einzeln oder mit anderen Vorspeisen servieren.

MARINIERTE JAKOBSMUSCHELN
MIT DILL

FÜR 4 PERSONEN

Zubereitungszeit: 15 Minuten
Keine Garzeit

ZUTATEN:

4 bis 6 Jakobsmuscheln pro Person
• feines Salz
1 Bund Dill
• Pfeffer
• Olivenöl

Jakobsmuscheln so auf einer Platte anrichten, daß sie sich nicht berühren. Die Platte 15 bis 20 Minuten in das **Gefrierfach** stellen. (In dieser Zeit werden die Muscheln fest, ohne zu gefrieren.)

Danach jede Jakobsmuschel mit einem scharfen Messer in dünne Scheiben schneiden (höchstens 2 mm dick).

Jeden Teller so mit Muschelscheiben auslegen, daß die gesamte Fläche bedeckt ist. Dabei können sie sich auch überlappen (schuppenartige Anordnung).

Mit feinem Salz und Pfeffer würzen. Olivenöl darauf verteilen, bei Bedarf einen Pinsel zu Hilfe nehmen.

Mit feingehacktem Dill bestreuen.

Mit **Aluminiumfolie** abdecken und bis zum Servieren mindestens eine halbe Stunde ziehen lassen.

MARINIERTER ZIEGENKÄSE MIT
FRISCHEN SAUBOHNEN

FÜR 4 PERSONEN

Zubereitungszeit: 20 Minuten
Garzeit: 2 Minuten

ZUTATEN:

4	frische kleine Ziegenkäse (insgesamt ungefähr 300 g)
100 ml	Olivenöl
500 g	frische Saubohnen
4 Teel.	Balsamessig
1 Teel.	Kräuter der Provence
1	zerdrückte Knoblauchzehe
•	Salz, Pfeffer, Cayennepfeffer

Ziegenkäse halbieren oder vierteln. Käsestücke auf einer Platte anrichten und mit Kräutern der Provence bestreuen.

Olivenöl und zerdrückten Knoblauch in einer Schüssel vermengen. Mit Pfeffer und etwas Cayennepfeffer würzen.

Die Marinade über die Käsestücke gießen. Mit **Aluminiumfolie** abdecken, einige Stunden ziehen lassen.

Saubohnen enthülsen. Danach 2 Minuten in kochendes Salzwasser geben, abziehen.

Marinierte Käsestücke mit den Saubohnen auf Tellern anrichten.

Vor dem Servieren eine Sauce aus 4 Eßl. Marinade und Balsamessig anrühren und darübergießen.

PAPRIKASALAT MIT BACON

FÜR 4 PERSONEN

Zubereitungszeit: 20 Minuten
Garzeit: 20 Minuten

ZUTATEN:

2	rote Paprikaschoten
2	grüne Paprikaschoten
2	gelbe Paprikaschoten
etwa 20	entsteinte schwarze Oliven
•	Saft einer Zitrone
4	zerdrückte Knoblauchzehen
3 EßI.	frische gehackte Petersilie
9	Scheiben Bacon
4 EßI.	Olivenöl
•	Salz, Pfeffer

Paprikaschoten halbieren, entstielen und entkernen.

Paprikahälften im Backofen grillen, bis die Haut dunkel wird und Blasen wirft.

Abkühlen lassen, abziehen.

Danach in Streifen schneiden und in eine Schüssel geben.

Eine Hälfte der Oliven kleinhacken, die andere Hälfte halbieren.

Eine Sauce aus Knoblauch, Zitronensaft, Olivenöl, Petersilie, Salz und Pfeffer anrühren und über die Paprikastreifen gießen.

Bacon bei schwacher Hitze rösten. Danach beiseite stellen und auf **Küchenkrepp** abkühlen lassen.

Den trockenen Bacon im **Mixer** zerkleinern.

Vor dem Servieren den Paprikasalat damit bestreuen.

QUAPPENTERRINE

FÜR 6 PERSONEN   ZUTATEN:

Zubereitungszeit: 25 Minuten
Garzeit: 1 Stunde

1,5 kg	Quappenfilet (ohne Haut und Mittelgräte)
8	Eier
100 ml	flüssige Sahne
2 Eßl.	Tomatenmark
1 Eßl.	frischer, feingehackter Estragon
50 ml	Cognac
•	Fischsud
1	Zitrone
•	Salz, Pfeffer, Cayennepfeffer

FÜR DIE MAYONNAISE:

1	Eigelb
2 Löffel	scharfer Senf
2/3	Sonnenblumenöl
1/3	Olivenöl
1 Teel.	Tomatenmark

Zitronensaft in den Fischsud geben, Quappenfilets 12 Minuten darin garen.

Herausnehmen, auf einem Küchentuch gut abtropfen lassen. Danach in längliche Stücke schneiden.

Eier mit Tomatenmark und flüssiger Sahne verquirlen. Salz, Pfeffer, Cayennepfeffer, Estragon und Cognac zufügen.

Quappenstücke in eine leicht gebutterte **Kastenform** geben und mit der Eier-Sahne-Mischung übergießen.

Das Ganze im vorgeheizten Backofen bei mittlerer Hitze (160° C – Stufe 5) etwa 45 Minuten im **Wasserbad** garen. Mit dem Messer einschneiden, um den Garzustand zu überprüfen.

Abkühlen lassen und mindestens 5 bis 6 Stunden in den Kühlschrank stellen.

Aus der Form nehmen, in Scheiben schneiden und auf einem Salatbett anrichten. Mit der Tomatenmark-Mayonnaise als Beilage servieren.

TOMATEN
GEFÜLLT MIT VOLLKORNGRIESS

FÜR 4 PERSONEN   ZUTATEN:

Zubereitungszeit: 15 Minuten

Garzeit: 1 Stunde

8	große Tomaten
120 g	Vollkorngrieß
10	Knoblauchzehen
16	entsteinte schwarze Oliven
3 EßI.	gehackte Petersilie
•	Olivenöl, Salz, Pfeffer, Cayennepfeffer

Tomaten waagerecht halbieren und mit einem Löffel vorsichtig aushöhlen. Das Fruchtfleisch in eine Schüssel geben.

Tomatenhälften in eine Auffangschale legen und bei 160° C (Stufe 5) für 30 Minuten in den Backofen schieben. Danach beiseite stellen.

In der Schüssel das Fruchtfleisch der Tomaten zerdrücken. Pürierte schwarze Oliven, zerdrückte Knoblauchzehen, gehackte Petersilie, 3 EßI. Olivenöl und Vollkorngrieß zufügen.

Mit Salz, Pfeffer, und einigen Prisen Cayennepfeffer würzen. Alles gut miteinander vermengen und mindestens 1 Stunde quellen lassen.

Die Tomatenhälften damit füllen und im vorgeheizten Backofen bei 160° C (Stufe 5) 25 bis 30 Minuten garen.

ÜBERBACKENE JAKOBSMUSCHELN

FÜR 4 PERSONEN

Zubereitungszeit: 20 Minuten
Garzeit: 20 Minuten

ZUTATEN:

8	große Jakobsmuscheln (oder 12 kleinere) und
4	Muschelschalen
3	in dünne Scheiben geschnittene Schalotten
1 Glas	trockener Weißwein
4 Eßl.	Crème fraîche
200 g	geriebener Gruyère
•	Salz, Pfeffer, Olivenöl, Muskatnuß

1 Eßl. Olivenöl in einem Topf leicht erhitzen. Schalottenscheiben hineingeben und glasig dünsten. Weißwein zugießen, mit Salz und Pfeffer würzen.

Muschelfleisch vom Rogen trennen.

Muschelfleisch 1 Minute garziehen lassen, beiseite stellen.

1/4 der Wein-Schalotten-Mischung einkochen lassen.

Danach mit dem Rogen im **Mixer** pürieren, Crème fraîche und geriebenen Gruyère zufügen. Alles gut miteinander vermengen.

Das Muschelfleisch in die Muschelschalen legen.

Die sämige Mischung darauf verteilen. Mit einer Prise Muskat würzen.

Das Ganze im Backofen höchstens 4 bis 5 Minuten überbacken, damit das Muschelfleisch nicht verbrennt.

ÜBERBACKENE ZWIEBELN

FÜR 4 PERSONEN

Zubereitungszeit: 15 Minuten
Backzeit: 20 Minuten

ZUTATEN:

8 Zwiebeln
400 g geriebener Gruyère
8 Scheiben Bacon
• Olivenöl
• Pfeffer

Zwiebeln schälen und in dünne Scheiben schneiden.

Zwiebelscheiben in einer großen **antihaftbeschichteten Pfanne** bei schwacher Hitze in Olivenöl dünsten. Ab und zu umrühren und sachte dünsten, bis sie anfangen, glasig zu werden. Mit Pfeffer würzen.

Auf **Küchenkrepp** abtropfen lassen.

Danach in vier **feuerfeste Formen** füllen und den geriebenen Gruyère darauf verteilen (100 g pro Form).

Mit je zwei Baconscheiben belegen.

Das Ganze zum Überbacken mit einem Abstand von 10 cm zur Wärmequelle in den vorgeheizten Backofen (250° C – Stufe 8) schieben.

Herausnehmen, sofort servieren.

ZUCCHINI-PAPRIKA-AUFLAUF

FÜR 6 PERSONEN	ZUTATEN:

Zubereitungszeit: 25 Minuten
Garzeit: 65 Minuten

1 kg	Zucchini
4	rote Paprikaschoten
400 g	Quark/Frischkäse im Körbchen (zum Abtropfen)
5	Eier
50 g	geriebener Gruyère
100 ml	flüssige Sahne (15 % Fettgehalt)
•	Muskatnuß
•	Kräuter der Provence
•	Salz, Pfeffer, Olivenöl

Zucchini der Länge nach in drei Teile schneiden. Zucchiniteile in einem **Dämpftopf** 20 Minuten lang dämpfen. Danach in einem Sieb abtropfen lassen, damit sie möglichst viel Flüssigkeit verlieren. Nach Belieben das Fruchtfleisch leicht auspressen, um den Flüssigkeitsverlust zu erhöhen.

Paprikaschoten halbieren und von den Stielen und Kernen befreien. Paprikahälften im Backofen grillen, damit sich die Haut leichter abziehen läßt. Danach beiseite legen.

Eier mit Quark/Frischkäse, Muskat, Kräutern der Provence und flüssiger Sahne in einer Schüssel verquirlen. Mit Salz und Pfeffer würzen.

Eine **Kastenform** mit Olivenöl ausstreichen, das Gemüse hineingeben und die Eier-Quark-Mischung darauf verteilen. Mit geriebenem Gruyère bestreuen.

Das Ganze im vorgeheizten Backofen bei 130° C (Stufe 4) 45 Minuten backen.

Abkühlen lassen und 6 Stunden in den Kühlschrank stellen.

Aus der Form nehmen und in Scheiben geschnitten auf einem Salatbett mit etwas frischem Olivenöl servieren.

CHAMPIGNONCREMESUPPE MIT SOJASAHNE

FÜR 4 PERSONEN   ZUTATEN:

Zubereitungszeit: 30 Minuten	500 g Champignons
Garzeit: 65 Minuten	2 in dünne Scheiben geschnittene Schalotten
	1 in dünne Scheiben geschnittene Zwiebel
	200 ml Sojasahne
	1 Würfel Geflügelbrühe
	• Olivenöl
	• Salz, Pfeffer, Curry
	1 großer Strauß Petersilie

Champignons putzen, halbieren und in 1 Liter Salzwasser 35 Minuten kochen. Danach herausnehmen und beiseite stellen. Den Kochsud 10 Minuten einkochen lassen, zuvor Brühwürfel zufügen.

Olivenöl in einen Kochtopf geben und die Zwiebel und die Schalotten sachte darin dünsten.

1/4 l Geflügelbrühe angießen und bei schwacher Hitze 5 bis 10 Minuten einkochen lassen.

Champignons mit Sojasahne im Mixer pürieren, das Püree in den Kochtopf geben. Das Ganze bei schwacher Hitze 4 bis 5 Minuten kochen lassen.

Bei Bedarf restliche Geflügelbrühe angießen. Mit Salz, Pfeffer und einer Messerspitze Curry würzen.

Mit frisch gehackter Petersilie bestreuen, heiß servieren.

GAZPACHO ANDALUSISCH

FÜR 5 PERSONEN

Zubereitungszeit: 15 Minuten
Garzeit: 40 Minuten

ZUTATEN:

1	große Gurke
2	kleine Zucchini
2 kg	Tomaten
2	rote Paprikaschoten
2	in dünne Scheiben geschnittene Zwiebeln
5	zerdrückte Knoblauchzehen
•	Saft von drei Zitronen
12	frische Blätter Basilikum
5 Eßl.	Olivenöl
•	Salz, Pfeffer, Cayennepfeffer

Zucchini an beiden Enden abschneiden, der Länge nach halbieren und entkernen. Zucchinihälften in 30 Minuten gar dämpfen. Abkühlen lassen.

Tomaten 2 Minuten in kochendes Wasser legen, abziehen und die Kerne entfernen.

Paprikaschoten halbieren, von Kernen und Scheidewänden befreien. Paprikahälften im Backofen grillen, bis sich die Haut verfärbt und Blasen wirft, so daß sie leichter zu schälen sind.

Die Hälfte der Gurke, Zucchini, die Hälfte des Paprikas, drei Viertel der Tomaten, Zwiebeln, Knoblauch, Olivenöl und Zitronensaft im **Mixer** pürieren. Mit Salz, Pfeffer und Cayennepfeffer würzen. Falls das Püree zu dick sein sollte, etwas Tomatensaft unterrühren. Danach mindestens 4 Stunden in den Kühlschrank stellen.

Vor dem Servieren das restliche Gemüse (Gurke, Paprika, Tomaten) in kleine Würfel schneiden und gesondert zum Gazpacho reichen.

GEMÜSESUPPE PROVENZALISCH

FÜR 5–6 PERSONEN   ZUTATEN:

Zubereitungszeit: 30 Minuten
Garzeit: 70 Minuten

1 kg	frische Bohnen (oder über Nacht eingeweichte Trockenbohnen)
150 g	zarte grüne Bohnen
300 g	Zucchini
4	vollreife Tomaten
2	große Zwiebeln
4	Knoblauchzehen
1 Eßl.	frisches gehacktes Basilikum
•	Salz, Pfeffer
150 g	Parmesan oder geriebener Emmentaler

FÜR DIE PASTE:

4	vollreife große Tomaten
4 Eßl.	frisches gehacktes Basilikum
5	Knoblauchzehen
100 ml	Olivenöl

Zarte grune Bohnen waschen, eventuell Fäden entfernen.

Zucchini halbieren und in 2 bis 3 cm große Stücke schneiden.

Zwiebeln in dünne Scheiben schneiden, Knoblauchzehen zerdrücken.

Tomaten 10 Sekunden in kochendes Wasser geben, abziehen, halbieren und die Kerne entfernen. Das Fruchtfleisch grob hacken.

Bohnen, Zucchini, Zwiebeln, Knoblauch, Tomaten und Basilikum in einen großen Kochtopf geben. Mit Wasser bedecken, salzen.

Das Ganze zum Kochen bringen und bei schwacher Hitze eine gute Stunde kochen.

bitte umblättern ☛

In der Zwischenzeit die Paste zubereiten: Tomaten 10 Sekunden in kochendes Wasser geben, abziehen, halbieren und die Kerne entfernen. Das Fruchtfleisch hacken, abtropfen lassen.

Knoblauchzehen vierteln.

Tomaten, Knoblauch, Basilikum und Olivenöl im **Mixer** pürieren. Mit Salz und Pfeffer würzen.

Sobald die Suppe fertig ist, die Paste untermischen. Mit geriebenem Käse bestreut servieren.

GURKENCREMESUPPE
MIT GRIECHISCHEM JOGHURT

FÜR 4 PERSONEN ZUTATEN:

Zubereitungszeit: 20 Minuten   2 Gurken
Keine Garzeit   2 Tomaten
   4 griechische Joghurts
   Saft von zwei Zitronen
1 Eßl. Olivenöl
5 Blätter frische Minze
1 Bund Petersilie
• Salz, Pfeffer

Tomaten 1 Minute in kochendes Wasser geben, abziehen, vierteln und die Kerne entfernen. Das Fruchtfleisch in kleine Würfel schneiden und beiseite legen.

Gurken schälen und entkernen. Zusammen mit Joghurt, Zitronensaft, Minze, Olivenöl, Salz und Pfeffer im **Mixer** pürieren.

Das Ganze mindestens 5 Stunden in den Kühlschrank stellen.

Danach Tomatenwürfel gleichmäßig darauf verteilen und frisch gehackte Petersilie darüberstreuen. Eiskalt servieren.

RINDERCARPACCIO – Rezept auf Seite 43

JAKOBSMUSCHELAUFLAUF – Rezept auf Seite 48

GURKENKALTSCHALE

FÜR 4 PERSONEN   ZUTATEN:

Zubereitungszeit: 10 Minuten
Keine Garzeit

1	große Gurke
500 g	griechischer Joghurt
100 g	gemahlene Mandeln
2	zerdrückte Knoblauchzehen
3 Eßl.	Olivenöl
200 ml	flüssige Sahne
•	Salz, weißer Pfeffer
•	Petersilie

Gurke schälen, der Länge nach halbieren, entkernen und in Würfel schneiden. Gurkenwürfel salzen und 10 Minuten Wasser ziehen lassen. Danach im **Mixer** pürieren.

In einer großen Schüssel Gurkenpüree, Joghurt, gemahlene Mandeln, zerdrückten Knoblauch, Olivenöl und flüssige Sahne miteinander vermengen. Mit Salz und Pfeffer würzen.

Das Ganze mindestens 6 Stunden in den Kühlschrank stellen.

Mit frisch gehackter Petersilie bestreuen, eiskalt servieren.

KNOBLAUCHCREMESUPPE

FÜR 4 PERSONEN

Zubereitungszeit: 20 Minuten
Garzeit: 30 Minuten

ZUTATEN:

4	große Knoblauchknollen
	(ungefähr 20 Knoblauchzehen)
2	Zucchini
400 ml	flüssige Sahne (15 % Fettgehalt)
	Salz, Pfeffer, Cayennepfeffer
2 EßI.	Olivenöl
2 EßI.	frisch gehackte Petersilie

Geschälte Knoblauchzehen in einem **Dämpftopf** 20 Minuten gar dämpfen.

In einem anderen Dämpfeinsatz halbierte, entkernte und in 3 bis 4 cm große Stücke geschnittene Zucchini gar dämpfen.

Knoblauch, Zucchini, flüssige Sahne und Olivenöl im **Mixer** pürieren. Mit Salz, Pfeffer und einer Prise Cayennepfeffer würzen.

Das Ganze nochmals erhitzen, bei Bedarf etwas Milch zugießen.

Vor dem Servieren Petersilie darüberstreuen.

KOHLSUPPE

FÜR 6 PERSONEN   ZUTATEN:

Zubereitungszeit: 5 Minuten
Garzeit: 135 Minuten

1	großer Kohl
200 g	geräucherter Speck
300 g	roher Schinken (1 cm dick)
200 g	magerer Speck
4	weiße Rüben
2	Zwiebeln
•	Pfeffer

3 Liter Wasser in einen großen Kochtopf geben.

Schinken, geräucherten und mageren Speck zufügen.

Das Ganze zum Kochen bringen, dabei die Oberfläche mit einem Schaumlöffel abschäumen.

Die äußeren Kohlblätter und den Strunk entfernen (kegelförmig ausschneiden). Den Kohl vierteln und zusammen mit den weißen Rüben und den geschälten Zwiebeln in den Kochtopf geben. Mit Pfeffer würzen. Danach die Hitze drosseln und zugedeckt gut 2 Stunden schmoren.

Das Fleisch und die Hälfte des Gemüses herausnehmen (kann als Hauptgericht serviert werden).

Den restlichen Topfinhalt (Gemüse und Kochsud) im **Mixer** zu einer Suppe pürieren.

Heiß servieren.

KRABBENCREMESUPPE

FÜR 4–5 PERSONEN   ZUTATEN:

Zubereitungszeit: 25 Minuten   800 g gekochte Krabben
Garzeit: 30 Minuten   2 in dünne Scheiben geschnittene Zwiebeln
                                   2 Selleriestangen
                                 1/4 l Weißwein
                             1 Zweig Thymian
                                   1 Lorbeerblatt
                               150 g Crème fraîche
                                   2 Eigelb
                                   • Olivenöl

Selleriestangen in kleine Stücke schneiden.

Krabben schälen.

3 Eßl. Olivenöl in einem Topf erhitzen. Zwiebeln, Sellerie, Thymian und Lorbeerblatt hineingeben und bei mittlerer Hitze 3 bis 4 Minuten unter Rühren dünsten. Krabben zufügen, weitere 3 Minuten dünsten. Danach Weißwein angießen und zugedeckt bei schwacher Hitze 10 Minuten kochen.

Thymianzweig und Lorbeerblatt herausnehmen. Den restlichen Topfinhalt im **Mixer** pürieren, wieder in den Topf geben und 3/4 l Wasser angießen. Mit Salz und Pfeffer würzen. Das Ganze bei schwacher Hitze 5 Minuten kochen.

Eigelb mit Crème fraîche in einer Schüssel verquirlen. Unter ständigem Rühren nach und nach heiße Krabbensuppe zufügen.

Auf vorgewärmten Tellern servieren.

LAUCHCREMESUPPE

FÜR 4 PERSONEN   ZUTATEN:

Zubereitungszeit: 15 Minuten   5 oder 6 große Lauchstangen
Garzeit: 35 Minuten   200 ml Sojasahne
                           1 1/2 Würfel Geflügelbrühe
                            1 Strauß Petersilie
                                • Salz, Pfeffer

Lauch sorgfältig säubern und nur ein Minimum an grünen Teilen zurückbehalten.

In 3 bis 4 cm lange Stücke schneiden.

Lauchstücke in einem **Dämpftopf** 30 Minuten gar dämpfen.

In der Zwischenzeit 3/4 l Geflügelbrühe herstellen.

Danach den Lauch mit etwas Geflügelbrühe im **Mixer** pürieren.

Lauchpüree und Sojasahne in den Topf zur Geflügelbrühe geben. Mit Salz und Pfeffer würzen.

Mit gehackter Petersilie bestreuen, heiß servieren.

LÖWENZAHNSUPPE

FÜR 4 PERSONEN

Zubereitungszeit: 15 Minuten
Garzeit: 30 Minuten

ZUTATEN:

300 g	Löwenzahn
3	weiße Rüben
2	Zwiebeln
6	Knoblauchzehen
1 Eßl.	Gänsefett
2 Eßl.	Olivenöl
•	Salz, Pfeffer

Löwenzahn waschen.

Knoblauch und Zwiebeln in dünne Scheiben schneiden und in einem **Schmortopf** bei schwacher Hitze in Olivenöl dünsten.

3/4 l Wasser zugießen und den Löwenzahn sowie die in grobe Würfel geschnittenen weißen Rüben hineingeben. Mit Salz und Pfeffer würzen und das Ganze 20 Minuten sachte kochen lassen.

Danach unter Zugabe von Gänsefett im **Mixer** pürieren.

Abschmecken und vor dem Servieren nochmals 5 Minuten kochen lassen.

MUSCHELSUPPE MIT CRÈME FRAÎCHE

FÜR 4 PERSONEN

Zubereitungszeit: 15 Minuten
Garzeit: 20 Minuten

ZUTATEN:

1 kg	Miesmuscheln
4	große Schalotten
200 ml	trockener Weißwein
•	Saft einer Zitrone
150 g	Crème fraîche
•	Olivenöl
3 Eßl.	frische, gehackte Petersilie
•	Salz, Pfeffer aus der Mühle

Beim Fischhändler geputzte Muscheln kaufen.

Schalotten in sehr dünne Scheiben schneiden und in einem Kochtopf bei schwacher Hitze in Olivenöl dünsten.

Weißwein zugießen, mit Salz und Pfeffer würzen. Danach 1 bis 2 Minuten kochen lassen.

Muscheln hineingeben und im geschlossenen Topf bei starker Hitze in 5 Minuten zum Öffnen bringen.

Mit dem Schaumlöffel herausnehmen und das Fleisch aus den Schalen lösen. Muschelfleisch warmhalten.

Zitronensaft und Petersilie in den Kochsud geben. Mit Pfeffer aus der Mühle würzen, Crème fraîche zufügen. Das Ganze bei schwacher Hitze 3 Minuten kochen.

Muschelfleisch wieder in den Kochtopf geben und die Suppe 2 Minuten sachte kochen lassen. Sofort servieren.

SAUERAMPFERSUPPE

FÜR 4 PERSONEN   ZUTATEN:

Zubereitungszeit: 15 Minuten

Garzeit: 20 Minuten

300 g	Sauerampfer
150 ml	trockener Weißwein
2	in dünne Scheiben geschnittene Schalotten
1/4 l	Geflügelbrühe
100 g	Crème fraîche
2	Eigelb
•	Salz, Pfeffer aus der Mühle
•	Olivenöl

1 Eßl. Olivenöl in einen Kochtopf geben und die Schalotten sachte darin dünsten. Danach Weißwein angießen und mit Salz und Pfeffer würzen. Ein Drittel des Kochsuds bei schwacher Hitze einkochen lassen.

Sauerampferblätter waschen, halbieren und in den Kochsud geben. Mit einem Deckel verschließen und warm stellen.

In einem anderen Topf Geflügelbrühe zum Kochen bringen.

Crème fraîche und Eigelb in einer **Metallschüssel** miteinander vermengen. Unter ständigem Rühren nach und nach Geflügelbrühe zufügen.

Danach die Sauerampfermischung unterrühren, abschmecken.

Bis zum Servieren im **Wasserbad** warmhalten.

SAUERKRAUTSUPPE

FÜR 4 PERSONEN

Zubereitungszeit: 15 Minuten
Garzeit: 1 Stunde

ZUTATEN:

300 g	rohes Sauerkraut
3/4 l	Fleischbrühe
2	in dünne Scheiben geschnittene Zwiebeln
1	Lorbeerblatt
200 ml	flüssige Sahne
•	Olivenöl
•	Salz, Pfeffer

Sauerkraut zweimal waschen und abtropfen lassen. Danach 10 Minuten in kochendem Wasser blanchieren.

Zwiebelscheiben in einem Kochtopf bei schwacher Hitze in Olivenöl dünsten. Sauerkraut hineingeben und ebenfalls dünsten, bis es anfängt, sich zu verfärben. Dann das Ganze unter Zugabe von etwas Fleischbrühe im **Mixer** pürieren.

Sauerkrautpüree wieder in den Kochtopf geben und die restliche Fleischbrühe und das Lorbeerblatt zufügen. Bei schwacher Hitze 40 Minuten kochen lassen.

5 Minuten vor Ende der Kochzeit flüssige Sahne unterrühren.

Abschmecken, sofort servieren.

SCHALOTTENSUPPE MIT SOJASAHNE

FÜR 4 PERSONEN

ZUTATEN:

Zubereitungszeit: 15 Minuten
Garzeit: 20 Minuten

10	Schalotten
1/3 l	trockener Weißwein
400 ml	Sojasahne
•	Olivenöl
•	feines Salz
•	Pfeffer, Cayennepfeffer
•	Kräuter der Provence

Schalotten in kleine Stücke schneiden. Schalottenstückchen mit 3 Eßl. Olivenöl im **Mixer** zu einem Püree verarbeiten.

Schalottenpüree in einem Kochtopf bei schwacher Hitze 5 bis 6 Minuten dünsten, ohne daß es glasig wird.

Weißwein zugießen, zum Kochen bringen. 1 Teel. Kräuter der Provence zufügen und das Ganze 5 Minuten sachte kochen lassen. Danach warm stellen.

Sojasahne, 1 Teel. feines Salz und zwei Messerspitzen Cayennepfeffer hineingeben und bei schwacher Hitze 4 oder 5 Minuten kochen lassen (Sojasahne kann bei hohen Temperaturen gerinnen.)

Heiß servieren.

TOMATENKRAFTBRÜHE

Siehe Foto nach Seite 96

FÜR 4 PERSONEN

Zubereitungszeit: 15 Minuten
Garzeit: 25 Minuten

ZUTATEN:

1 kg	Tomaten
3	zerdrückte Knoblauchzehen
3	in dünne Scheiben geschnittene Schalotten
2 Zweige	Basilikum
2 Messerspitzen	Oregano
•	Salz, Pfeffer aus der Mühle

Knoblauch und Schalotten in einem Kochtopf bei schwacher Hitze in 1 Eßl. Olivenöl dünsten.

Tomaten 1 Minute in kochendes Wasser legen, abziehen und die Kerne entfernen. Das Fruchtfleisch in Stücke schneiden und in den Kochtopf geben. Mit Salz würzen.

Basilikumblätter von den Zweigen entfernen und beiseite legen. Basilikumzweige kleinhacken und zusammen mit dem Oregano zur Tomatenmischung geben.

Das Ganze erhitzen. Anschließend 10 Minuten sachte kochen lassen, dabei 3/4 des Topfes mit einem Deckel verschließen, um Spritzer zu vermeiden.

Im **Mixer** pürieren.

Bei Bedarf mit Salz nachwürzen. Pfeffer und feingehackte Basilikumblätter zufügen.

Vor dem Servieren eventuell nochmals erhitzen.

EIER
GEFÜLLT MIT TAPENADE

FÜR 4 PERSONEN   ZUTATEN:

Zubereitungszeit: 15 Minuten   6 Eier
Garzeit: 10 Minuten   40 g Tapenade (Olivenpaste mit Kapern)
     1 EBl. Olivenöl
     • grüne Salatblätter
     1 Strauß Petersilie

Eier 10 Minuten in Wasser kochen. Danach unter kaltem Wasser abschrecken.

Eier von den Schalen befreien und der Länge nach halbieren. Das Eigelb mit einem Kaffeelöffel herausnehmen und die Eiweißhälften auf einer mit Salatblättern ausgelegten Platte anrichten.

Eigelb mit einer Gabel zerdrücken, Tapenade und Olivenöl zufügen. Alles gut vermischen, bis eine sämige Masse entstanden ist.

Die Eiweißhälften mit einem Kaffeelöffel damit füllen.

Mit frischer gehackter Petersilie bestreut servieren oder vor dem Servieren kühl stellen.

EIER IN ASPIK MIT ESTRAGON

FÜR 4 PERSONEN	ZUTATEN:
Zubereitungszeit: 15 Minuten	8 Eier
Garzeit: 20 Minuten	2 Scheiben gekochter Schinken (ausgezeichnete Qualität)
	1 Päckchen gemahlene Gelatine
	16 Estragonblätter
	100 ml Weißweinessig
	• Salz, Pfeffer

In einem großen Kochtopf einen halben Liter Wasser zum Kochen bringen.

Weißweinessig, Salz und Pfeffer zufügen.

Eier nacheinander in einen Schöpflöffel schlagen und in das kochende Wasser gleiten lassen. Die Eier 3 Minuten darin pochieren. Danach mit einem Schaumlöffel herausnehmen, abtropfen und abkühlen lassen.

Gelatine nach Packungsaufschrift anrühren, abkühlen lassen. 8 **Auflaufförmchen** mit je 1/2 cm Gelierflüssigkeit füllen.

Anschließend einige Minuten ins **Gefrierfach** stellen, damit das Gelee schneller fest wird.

In jedes Förmchen ein pochiertes Ei legen. Mit zwei Estragonblättern und einem Stück gekochten Schinken (in der gleichen Größe wie die Form) bedekken. Den restlichen Geliersud darübergießen und 3 Stunden in den Kühlschrank stellen.

Aus den Förmchen nehmen, dazu die Böden 5 Sekunden in kochendes Wasser tauchen.

Entweder kühl stellen oder auf einem Salatbett servieren.

EIER MIT ESTRAGON

FÜR 4 PERSONEN

Zubereitungszeit: 15 Minuten
Garzeit: 18 Minuten

ZUTATEN:

8 weichgekochte Eier (sehr frisch)
3 sehr dünne Scheiben roher Schinken
8 Eßl. Crème fraîche
1 Strauß Estragon

Estragonblätter von den Zweigen befreien und fein hacken.

Schinken kleinhacken.

Auflaufförmchen mit Butter ausstreichen (je zwei Eier sollten hineinpassen).

Die Hälfte des Estragons auf die Förmchen verteilen, Eier hineinschlagen.

In einer Schüssel Crème fraîche, Schinkenstückchen und restlichen Estragon miteinander vermengen. Mit Salz und Pfeffer würzen.

Die Mischung über die Eier gießen.

Im vorgeheizten Backofen bei 120° C (Stufe 4) 5 bis 8 Minuten im **Wasserbad** garen.

EIERHÄLFTEN MIT THUNFISCHMAYONNAISE

Siehe 2. Foto nach Seite 96

FÜR 4 PERSONEN

Zubereitungszeit: 15 Minuten
Garzeit: 10 Minuten

ZUTATEN:

6	Eier
100 g	herkömmliche Mayonnaise
100 g	Thunfisch in Wasser (aus der Dose)
1 Eßl.	gehackte Petersilie
8	Sardellenfilets
12	Oliven

Eier 10 Minuten in Wasser kochen. Danach einige Minuten in kaltes Wasser legen.

Eier schälen und der Länge nach halbieren.

Eigelb herausnehmen und mit einer Gabel zerdrücken, beiseite legen.

Thunfisch abtropfen lassen, mit einer Gabel zerpflücken und mit der Mayonnaise, einem Viertel des Eigelbs und der gehackten Petersilie im **Mixer** pürieren.

Eiweißhälften mit einem Kaffeelöffel damit füllen.

Auf jedem Teller 3 Eierhälften anrichten und mit dem restlichen Eigelb bestreuen. Sardellenfilets zufügen, mit Oliven garnieren.

POCHIERTE EIER PROVENZALISCH

FÜR 4 PERSONEN   ZUTATEN:

Zubereitungszeit: 10 Minuten
Garzeit: 15 Minuten

8 sehr frische Eier
500 g Tomatenpüree
4 Knoblauchzehen
4 Eßl. Olivenöl
1 Eßl. Kräuter der Provence
1 Eßl. frisches Basilikum
• Salz, Pfeffer, Weinessig

Tomatenpüree, zerdrückte Knoblauchzehen, Kräuter der Provence und Basilikum in einem Kochtopf leicht erhitzen. Mit Salz und Pfeffer würzen. Das Ganze ständig mit einem Holzlöffel umrühren, um Spritzer zu vermeiden. Sobald das Püree heiß ist, zugedeckt bei schwacher Hitze kochen lassen.

2 Liter Wasser mit 2 Eßl. Essig und 1/4 Teel. Salz zum Kochen bringen.

Eier nacheinander in einen Schöpflöffel schlagen und vorsichtig in das Wasser gleiten lassen (unmittelbar an der Wasseroberfläche), oder den Schöpflöffel direkt in das Wasser tauchen und schnell umdrehen, damit das Eiweiß nicht ausflockt.

Die Eier 3,5 Minuten bei schwacher Hitze pochieren, dann mit einem Schaumlöffel herausnehmen und zum Abtropfen auf einer mit einem Küchentuch bedeckten Platte anrichten. Nach Belieben die Ränder abschneiden, damit sie schöner aussehen.

Olivenöl unter die Tomatensauce rühren.

Pochierte Eier auf vorgewärmten Tellern anrichten und mit der Tomatensauce übergießen.

RÜHREIER MIT KRABBEN

FÜR 4 PERSONEN

Zubereitungszeit: 20 Minuten
Garzeit: 20 Minuten

ZUTATEN:

350 g	Krabben
6	Eier
1 Glas	Weißwein (100 ml)
1	in dünne Scheiben geschnittene Schalotte
2 EßI.	feingehackter Dill
•	Salz, Pfeffer aus der Mühle
1 EßI.	Olivenöl

Krabben 3 bis 4 Minuten in Fischsud kochen, schälen.

Schalottenscheiben in einem Kochtopf etwa 3 Minuten in Olivenöl dünsten.

Weißwein zugießen, mit Salz und Pfeffer würzen. Ein Drittel der Flüssigkeit einkochen lassen, Krabben untermischen, warm stellen.

Eier mit Salz und Pfeffer in einer **Metallschüssel** verquirlen. Die Eiermasse unter ständigem Rühren im **Wasserbad** stocken lassen.

Rühreier auf einer vorgewärmten Platte anrichten und mit der Krabbenmischung übergießen.

Vor dem Servieren mit Dill bestreuen.

RÜHREIER MIT PAPRIKAPÜREE

FÜR 4 PERSONEN

Zubereitungszeit: 15 Minuten
Garzeit: 25 Minuten

ZUTATEN:

10 Eier
2 rote Paprikaschoten
• Kräuter der Provence
• Olivenöl
• Salz, Pfeffer
• spanischer Paprika, edelsüß

Paprikaschoten halbieren, entstielen und entkernen.

Paprikahälften im Backofen grillen, bis sich die Haut verfärbt und Blasen wirft.

Abkühlen lassen, schälen.

Das Fruchtfleisch im **Mixer** pürieren.

Eier mit Salz, Pfeffer und Paprika in einer Schüssel verquirlen und unter das Paprikapüree rühren.

Das Ganze unter ständigem Rühren in einer Pfanne (oder besser im **Wasserbad**) bei schwacher Hitze in Olivenöl stocken lassen.

Vor dem Servieren leicht mit Kräutern der Provence bestreuen und mit etwas Olivenöl begießen.

RÜHREIER MIT SAUERAMPFER

FÜR 4 PERSONEN

ZUTATEN:

Zubereitungszeit: 15 Minuten
Garzeit: 15 Minuten

300 g	Sauerampfer
200 ml	flüssige Sahne
4	Eier
2 EßI.	Crème fraîche
•	Salz, Pfeffer aus der Mühle
•	Olivenöl

Sauerampfer waschen und trockenschleudern. Nur die schönen Blätter zurückbehalten.

Sauerampferblätter in einer Bratpfanne bei schwacher Hitze in Olivenöl dünsten. Crème fraîche zufügen, mit Salz und Pfeffer würzen. Danach warm stellen.

Sahne steif schlagen.

Eier in einer großen **Metallschüssel** mit Salz und Pfeffer schaumig schlagen.

Die Eiermasse unter ständigem Rühren im **Wasserbad** stocken lassen.

Kurz bevor die Masse vollständig gestockt ist, nach und nach Schlagsahne unterheben, fertigstocken lassen.

Teller mit Sauerampferblättern auslegen und die Rühreier darauf anrichten.

RÜHREIER MIT TRÜFFELN

FÜR 4 PERSONEN   ZUTATEN:

Zubereitungszeit: 15 Minuten   10   Eier
Garzeit: 15 Minuten   20 g   Trüffelstücke aus der Dose
                               70 g   Gänsefett
                                 •   Salz, Pfeffer

Eier trennen, Eiweiß in einer großen **Metallschüssel** steif schlagen. Eischnee wieder mit dem Eigelb vermengen, mit Salz und Pfeffer würzen. Trüffelstücke mit ihrem Saft zufügen.

Das Ganze unter ständigem Rühren im **Wasserbad** stocken lassen, dabei nach und nach Gänsefett hineingeben.

Sobald die Masse zum größten Teil gestockt ist, auf einer Platte anrichten und sofort servieren.

SPIEGELEIER MIT ROHEM SCHINKEN

FÜR 4 PERSONEN

Zubereitungszeit: 2 Minuten
Garzeit: 10 Minuten

ZUTATEN:

8 große Landeier
8 dünne Scheiben roher Schinken
• Gänsefett
• Salz, Pfeffer aus der Mühle

Je zwei Eier in einer Pfanne in Gänsefett braten. Die Hitze darf nicht zu stark sein, damit sie keine braungebratene Kruste bekommen.

Mit feinem Salz und etwas Pfeffer aus der Mühle würzen.

Teller mit Schinkenscheiben belegen und die Spiegeleier darauf anrichten.

THUNFISCHOMELETT

FÜR 4 PERSONEN

Zubereitungszeit: 15 Minuten
Backzeit: 10 Minuten

ZUTATEN:

8	Eier
200 g	Thunfisch in Wasser
200 ml	flüssige Sahne
2 Eßl.	frische, gehackte Petersilie
•	Olivenöl

Thunfisch abtropfen lassen, sehr fein zerpflücken.

Eigelb und Eiweiß getrennt in zwei Schüsseln geben.

Eiweiß steif schlagen.

Eigelb mit flüssiger Sahne verquirlen, zerpflückten Thunfisch und gehackte Petersilie zufügen.

Eischnee vorsichtig unterheben.

1 Eßl. Olivenöl in einer großen Pfanne erhitzen.

Die Eiermasse hineingeben und das Omelett normal backen.

Omelett nicht ganz durchgebacken servieren.

TORTILLA À LA MONTIGNAC

FÜR 4 PERSONEN

Zubereitungszeit: 20 Minuten
Garzeit: 15 Minuten

ZUTATEN:

8 Eier
2 feingehackte Zwiebeln
4 feingehackte Knoblauchzehen
3 in dünne Scheiben geschnittene Zucchini
3 Eßl. frische gehackte Petersilie
250 g in Würfel geschnittene Tomaten, gut abgetropft (oder aus der Dose)
200 g Mozzarella
• Kräuter der Provence
• Olivenöl
• Salz, Pfeffer, Cayennepfeffer

Zwiebel- und Knoblauchstückchen in einer großen Stielpfanne bei schwacher Hitze in Olivenöl dünsten. Zucchinischeiben hineingeben und ebenfalls dünsten. Bei Bedarf Olivenöl angießen und darauf achten, daß die Zwiebel- und Knoblauchstückchen nicht braun werden.

Eier mit Salz, Pfeffer, Cayennepfeffer und Petersilie verquirlen.

Die Eiermasse in die Pfanne geben und bei schwacher Hitze stocken lassen.

Während des Garvorgangs die Tomatenwürfel gleichmäßig darauf verteilen. Den Backofen vorheizen (250° C – Stufe 8).

Nach 3/4 der Garzeit Kräuter der Provence darüberstreuen und den in dünne Scheiben (2–3 mm) geschnittenen Mozzarella darauflegen.

Die Pfanne mit einem Abstand von 10 cm zur Wärmequelle in den Backofen schieben. (Den Stiel draußen lassen.)

Vor dem Servieren mit Olivenöl übergießen.

HAUPTGERICHTE

FLEISCH

GEFLÜGEL

FISCH

KRUSTENTIERE

ENTENLEBER MIT CHAMPIGNONS

FÜR 4 PERSONEN   ZUTATEN:

Zubereitungszeit: 20 Minuten
Garzeit: 20 Minuten

1	frische Entenleber (500 g)
600 g	Champignons
5	gehackte Knoblauchzehen
3 Eßl.	gehackte Petersilie
4 Eßl.	Sherryessig
•	Salz, Pfeffer

Champignons putzen und in dünne Scheiben schneiden. Champignonscheiben in einer großen Pfanne bei schwacher Hitze in Olivenöl dünsten. Mit Salz und Pfeffer würzen.

Danach sämtliche Kochflüssigkeit abgießen, frisches Olivenöl zufügen.

Gehackten Knoblauch und gehackte Petersilie neben den in der Pfanne verbliebenen Champignons sachte dünsten, unter die Champignons mischen, warm stellen.

Entenleber der Länge nach in 2 cm dicke Scheiben schneiden. Entenleberscheiben in einer **antihaftbeschichteten Pfanne** bei mittlerer Hitze auf jeder Seite etwa 1 Minute braten. Salzen und pfeffern. Auf vorgewärmten Tellern bereitstellen.

Die Hälfte des ausgebratenen Entenleberfetts abgießen und mit Sherryessig den Ansatz vom Boden der Pfanne lösen.

Über die Entenleberscheiben gießen, Champignons zufügen.

ENTRECÔTE MIT BORDEAUX-SAUCE

FÜR 4 PERSONEN   ZUTATEN:

Zubereitungszeit: 15 Minuten
Garzeit: 30 Minuten

2	Entrecôtes (je 500 g, 4 cm dick)
200 ml	roter Bordeaux
100 ml	starke Fleischbrühe
100 g	Champignons aus der Dose
5	gehackte Schalotten
4 Eßl.	Gänsefett
1 Zweig	Thymian
2	Lorbeerblätter
1 Strauß	gehackte Petersilie
•	Salz, Pfeffer

2 Eßl. Gänsefett in einem **Schmortopf** erhitzen. Schalottenstückchen hineingeben und in 2 bis 3 Minuten goldbraun rösten. Rotwein angießen, Thymian, Lorbeerblatt und Fleischbrühe zufügen. Mit reichlich Salz und Pfeffer würzen. Danach ohne Deckel bei starker Hitze bis auf die Hälfte der ursprünglichen Menge einkochen lassen.

Abgetropfte Champignons mit etwas Olivenöl im **Mixer** pürieren. Champignonpüree in den **Schmortopf** zur Sauce geben.

Restliches Gänsefett in einer großen Pfanne erhitzen. Entrecôtes hineingeben und auf jeder Seite braten, dabei salzen und pfeffern. So lange braten, bis die gewünschte Garstufe erreicht ist (blutig, medium, durch).

Mit etwas Rotwein den Ansatz vom Boden der Pfanne lösen und zur Sauce geben.

Entrecôtes in 4 oder 8 Stücke schneiden und auf einer vorgewärmten Platte anrichten. Vor dem Servieren mit der Bordeaux-Sauce übergießen.

Empfohlene Beilagen: Champignons mit Petersilie
Grüne Bohnen

GEFLÜGELLEBER MIT SELLERIEPÜREE

FÜR 4 PERSONEN	ZUTATEN:	
Zubereitungszeit: 15 Minuten	600 g	Geflügelleber
Garzeit: 75 Minuten	1	Sellerieknolle
	1	Zitrone
	300 ml	flüssige Sahne
	2 Eßl.	Balsamessig
	•	Gänsefett
	•	Salz, Pfeffer, Muskatnuß
	1 Strauß	Kerbel

Gewaschene und geschälte Sellerieknolle in grobe Würfel schneiden. Selleriewürfel mit der in Stücke geschnittenen Zitrone mindestens 1 Stunde in Salzwasser kochen. Den Garzustand mit einer Messerspitze überprüfen.

Kochwasser mit den Zitronenstücken abgießen, flüssige Sahne zufügen. Mit Salz, Pfeffer und geriebenem Muskat würzen. Das Ganze so lange bei schwacher Hitze kochen lassen, bis die Sahne von den Selleriewürfeln aufgenommen worden ist.

Danach im Mixer zu einem Püree verarbeiten. Abschmecken, beiseite stellen.

Geflügelleber in einer Pfanne in Gänsefett braten. Salzen, pfeffern und mit Balsamessig beträufeln.

Geflügelleber auf Tellern anrichten. Selleriepüree zufügen, mit Kerbel garnieren.

GESCHNETZELTES KALBFLEISCH

FÜR 4 PERSONEN ZUTATEN:

Zubereitungszeit: 20 Minuten
Garzeit: 25 Minuten

4	dicke Kalbsschnitzel
200 g	Champignons
3	in dünne Scheiben geschnittene Zwiebeln
300 ml	flüssige Sahne
•	Saft einer Zitrone
•	Gänsefett
•	Salz, Pfeffer, Muskatnuß
•	Olivenöl

Champignons putzen und in dünne Scheiben schneiden. Champignonscheiben in einer Pfanne bei schwacher Hitze in Olivenöl dünsten. Mit Salz und Pfeffer würzen. Während des Dünstvorgangs Flüssigkeit abgießen und etwas Olivenöl zufügen.

Zwiebelscheiben in einer Pfanne in Olivenöl sachte dünsten.

1 Eßl. Gänsefett in einem **Schmortopf** erhitzen. Das in dünne Scheiben geschnittene Kalbfleisch hineingeben und unter ständigem Rühren einige Minuten bei schwacher Hitze braten. Salzen, pfeffern, Zitronensaft zufügen.

Die gedünsteten Champignons und Zwiebeln in den Schmortopf geben, umrühren. Flüssige Sahne angießen, geriebenen Muskat zufügen.

Das Ganze gut miteinander vermengen und zugedeckt 2 bis 3 Minuten sachte schmoren. Abschmecken.

Empfohlene Beilagen: Gedünsteter Chicorée
Grüne Bohnen

GRILLSTEAKS VOM SCHWEIN
PROVENZALISCH

FÜR 4 PERSONEN   ZUTATEN:

Zubereitungszeit: 15 Minuten

Garzeit: 15 Minuten

4	Grillsteaks vom Schwein
4	in dünne Scheiben geschnittene Schalotten
200 ml	Weißwein
3 bis 4 Eßl.	Tomatenmark
•	Olivenöl, Gänsefett
•	Salz, Pfeffer, Kräuter der Provence

2 Eßl. Olivenöl in einer Pfanne erhitzen. Schalottenscheiben bei schwacher Hitze darin dünsten.

Weißwein angießen, unter Rühren etwa 5 Minuten kochen lassen.

Tomatenmark zufügen und unter die Wein-Schalotten-Mischung rühren. Mit Salz und Pfeffer würzen. 1 Eßl. Olivenöl zufügen, warm stellen.

In einer anderen Pfanne 1 Eßl. Gänsefett erhitzen. Die leicht mit Kräutern der Provence bestreuten Grillsteaks hineingeben und bei mittlerer Hitze auf beiden Seiten braten. Salzen und pfeffern.

Die Grillsteaks auf einer vorgewärmten Platte anrichten und mit der Sauce übergießen.

Empfohlene Beilagen: Überbackene Zucchini
Tomaten provenzalisch
Ratatouille

HAMMELFILET PROVENZALISCH

FÜR 5 PERSONEN   ZUTATEN:

Zubereitungszeit: 15 Minuten
Garzeit: 30 Minuten

1 kg	Hammelfilet (ausgelöstes Rückenstück)
2	in dünne Scheiben geschnittene Zwiebeln
2	zerdrückte Knoblauchzehen
200 ml	Rinderbrühe
200 g	Tomatenmark
•	Olivenöl
•	Salz, Pfeffer
•	Kräuter der Provence

Hammelfleisch in 3 cm große Würfel schneiden.

2 Eßl. Olivenöl in einem **Schmortopf** erhitzen. Zwiebelscheiben bei schwacher Hitze darin dünsten, dann Fleischwürfel hineingeben und rundherum goldbraun braten. Zerdrückten Knoblauch und 2–3 Prisen Kräuter der Provence zufügen. Mit Salz und Pfeffer würzen.

In einem anderen Topf Tomatenmark nach und nach unter die heiße Fleischbrühe rühren. Salzen und pfeffern.

Tomatensauce in den Schmortopf geben, gut umrühren. 2 Eßl. Olivenöl zufügen und das Ganze zugedeckt nochmals 3 bis 4 Minuten sachte schmoren.

Heiß servieren.

Empfohlene Beilagen: Ratatouille
                        Weiße Bohnen

KALBFLEISCH MIT PAPRIKAGEWÜRZ

FÜR 4 PERSONEN   ZUTATEN:

Zubereitungszeit: 15 Minuten	1 kg	Kalbfleisch (Filet)
Garzeit: 70 Minuten	6	große, in dünne Scheiben geschnittene Zwiebeln
	200 ml	Crème fraîche
	200 ml	Weißwein
	•	Gänsefett
	•	Olivenöl
	1	Bouquet garni (Gewürzsträußchen aus Petersilie, Thymian, Lorbeerblatt)
	•	Paprika edelsüß
	•	Paprika scharf
	•	Salz, Pfeffer

Zwiebelscheiben in einer Pfanne bei schwacher Hitze in Olivenöl dünsten.

Kalbfleisch in 3 bis 4 cm große Würfel schneiden. Fleischwürfel in einem **Schmortopf** in Gänsefett anbraten.

Gedünstete Zwiebeln in den Schmortopf geben, Weißwein angießen. Das Bouquet garni, 3 Teel. edelsüßer Paprika, 1 Teel. scharfer Paprika, Salz und Pfeffer zufügen. Das Ganze gut umrühren und zugedeckt mindestens 1 Stunde sachte schmoren.

Fleischstücke herausnehmen und auf einer Platte anrichten, warm stellen. Das Bouquet garni entfernen.

Den restlichen Topfinhalt im **Mixer** zu einer sämigen Sauce pürieren.

Crème fraîche unterrühren.

Fleischstücke mit der Sauce übergießen, sofort servieren.

Empfohlene Beilagen: In Gänsefett gedünstete weiße Rüben
        Gedünsteter Chicorée
        Überbackener Blumenkohl

KALBSBRATEN MIT OLIVEN

FÜR 4–5 PERSONEN

Zubereitungszeit: 20 Minuten
Garzeit: 105 Minuten

ZUTATEN:

1,2 kg Kalbsbraten
100 g Speckwürfel
200 g entsteinte schwarze Oliven
200 g entsteinte grüne Oliven
150 ml Weißwein
• Olivenöl
• Salz, Pfeffer, Thymian

Speckwürfel in einem **Schmortopf** bei schwacher Hitze rösten. Dann das Kalbfleisch hineingeben und rundherum goldbraun anbraten. Mit Salz, Pfeffer und einigen Prisen Thymian würzen. Danach mit einem Deckel verschließen und sachte schmoren lassen.

Je 75 g schwarze und grüne Oliven unter Zugabe von 1 Eßl. Olivenöl im **Mixer** pürieren.

Olivenpüree in den Schmortopf geben, Weißwein angießen.

Das Ganze bei schwacher Hitze 1 Stunde schmoren, dabei das Fleisch ab und zu umdrehen.

Die restlichen Oliven zufügen, nochmals 20 bis 30 Minuten sachte schmoren.

Den Braten herausnehmen, in Scheiben schneiden und auf einer vorgewärmten Platte anrichten. Oliven mit einem Schaumlöffel aus dem Schmortopf nehmen und um die Fleischscheiben legen. Sauce in einer vorgewärmten Saucenschüssel gesondert dazu reichen (bei Bedarf den Ansatz mit etwas kochendem Wasser vom Boden des **Schmortopfes** lösen und zur Sauce geben).

TOMATENKRAFTBRÜHE – Rezept auf Seite 75

EIERHÄLFTEN MIT THUNFISCHMAYONNAISE – Rezept auf Seite 79

LAMMKEULE MIT ROSMARIN – Rezept auf Seite 108

RINDSGULASCH MIT ROTWEIN – Rezept auf Seite 111

KALBSFRIKASSEE À LA MONTIGNAC

FÜR 5 PERSONEN   ZUTATEN:

Zubereitungszeit: 30 Minuten
Garzeit: 75 Minuten

1,5 kg	Kalbsschulter (ohne Fett und Knochen)
1 kg	Champignons
8	Lauchstangen
3	Zwiebeln
4	Knoblauchzehen
1	Bouquet garni (siehe Seite 95)
3 Würfel	Kalbfleischbrühe
400 ml	flüssige Sahne
2	Eigelb
•	Saft zweier Zitronen
3 Eßl.	frische, gehackte Petersilie

Brühwürfel in 1,5 Liter heißem Wasser auflösen, Kalbfleischbrühe beiseite stellen.

Lauch waschen und in längliche Stücke schneiden, Champignons putzen und in dünne Scheiben schneiden, Zwiebeln und Knoblauch kleinschneiden.

Das in Stücke geschnittene Kalbfleisch in einem **Schmortopf** bei schwacher Hitze in Gänsefett anbraten. Mit Salz und Pfeffer würzen.

Das Gemüse auf dem Fleisch verteilen, Bouquet garni zufügen.

Soviel Kalbfleischbrühe angießen, daß der Topfinhalt bedeckt ist. Das Ganze zum Kochen bringen und 75 Minuten sachte kochen lassen.

Gemüse (Champignons, Lauch, Zwiebeln) in der Menge einer großen Schüssel mit einem Schaumlöffel herausnehmen, gut abtropfen lassen und im **Mixer** zu einem Püree verarbeiten.

Gemüsepüree mit flüssiger Sahne in einem Kochtopf leicht erhitzen, 2 Eigelb

bitte umblättern ☛

97

zufügen. So lange rühren, bis eine sämige Sauce entstanden ist. Vom Herd nehmen und 1 bis 2 Minuten weiterrühren.

Vom Schmortopf 3/4 der Kalbfleischbrühe abgießen, so daß nur das Fleisch, das Gemüse und der restliche Kochsud übrigbleiben. Das Bouquet garni entfernen.

Die Sauce hineingeben, gut umrühren. Das Ganze warmhalten, ohne zu kochen.

Auf vorgewärmten Tellern servieren.

ANMERKUNG:

Da dieses Gericht viel Gemüse enthält, kann auf Beilagen verzichtet werden.

KALBSKOTELETTS MIT SAUERAMPFER

FÜR 4 PERSONEN

Zubereitungszeit: 15 Minuten
Garzeit: 15 Minuten

ZUTATEN:

4	Kalbskoteletts (ohne Fett) (je 200 g)
150 g	feingehackter Sauerampfer
•	Saft einer Zitrone
•	Gänsefett, Olivenöl
•	Salz, Pfeffer aus der Mühle

1 Eßl. Gänsefett in einer großen Pfanne erhitzen. Kalbskoteletts hineingeben und bei schwacher Hitze auf beiden Seiten goldbraun braten (5 bis 7 Minuten pro Seite). Mit Salz und Pfeffer würzen, beiseite stellen.

In der Zwischenzeit Sauerampfer von den Stengeln befreien, waschen und mit einem Küchentuch oder mit **Küchenkrepp** trockentupfen.

2 Eßl. Olivenöl in einem Topf erhitzen. Feingehackten Sauerampfer hineingeben und etwa 5 Minuten sachte dünsten, dabei mit einem Holzlöffel umrühren. Leicht salzen und pfeffern.

Von der Bratflüssigkeit der Kalbskoteletts den fettesten Teil abgießen. Zitronensaft in die Pfanne geben und den gedunsteten Sauerampfer zufügen. Das Ganze gut miteinander vermengen und nochmals 1 bis 2 Minuten sachte kochen.

Auf einer vorgewärmten Platte servieren, nach Belieben mit etwas frischem Olivenöl begießen.

KALBSKOTELETTS PROVENZALISCHER ART

FÜR 4 PERSONEN   ZUTATEN:

Zubereitungszeit: 15 Minuten   4   Kalbskoteletts (ohne Fett)
Garzeit: 25 Minuten   (je 200 g)
                                  2   in dünne Scheiben geschnittene Zwiebeln
                                  3   zerdrückte Knoblauchzehen
                             2 EßL.   frisches, gehacktes Basilikum
                             1 EßL.   gehackte Petersilie
                             3 EßL.   Tomatenmark
                                  •   Weißwein
                                  •   Gänsefett, Olivenöl
                                  •   Kräuter der Provence
                                  •   Salz, Pfeffer

2 Eßl. Olivenöl in einem Topf erhitzen. Zwiebelscheiben sachte darin dünsten, zum Schluß zerdrückten Knoblauch zufügen.

Tomatenmark hineinrühren, etwas Weißwein angießen (die Sauce darf nicht zu dünn werden). Mit Salz, Pfeffer und frischem Basilikum würzen. Danach warm stellen.

1 Eßl. Gänsefett in einer Pfanne erhitzen. Kalbskoteletts hineingeben und bei mittlerer Hitze auf jeder Seite 7 bis 8 Minuten goldbraun braten. Zu Beginn des Bratvorgangs Kräuter der Provence darüberstreuen. Salzen und pfeffern.

Kalbskoteletts auf einer Platte anrichten, warm stellen.

Das Bratfett abgießen, den Ansatz mit 1/2 Glas Weißwein vom Boden der Pfanne lösen, Tomatensauce angießen. Danach vom Herd nehmen, 1 Eßl. Olivenöl zufügen.

Kalbskoteletts mit der Sauce übergießen und mit Petersilie bestreuen.

KALBSLEBER MIT BASILIKUM

FÜR 4 PERSONEN

Zubereitungszeit: 5 Minuten
Garzeit: 10 Minuten

ZUTATEN:

4	Scheiben Kalbsleber (je 170 g)
20	gehackte Basilikumblätter
4	gehackte Knoblauchzehen
•	Olivenöl
•	Salz, Pfeffer

Gehackten Knoblauch, gehacktes Basilikum und 3 Eßl. Olivenöl in einer Schüssel vermischen.

Die Mischung in eine große Pfanne geben und bei schwacher Hitze 3 Minuten dünsten.

Kalbsleberscheiben zufügen und bei mittlerer Hitze auf jeder Seite 3 Minuten braten, danach mit Salz und Pfeffer würzen.

Auf einer vorgewärmten Platte servieren.

Empfohlene Beilagen
(je nach Jahreszeit):   Gedünsteter Chicorée
Ratatouille
Tomaten provenzalisch

KALBSLEBER MIT ZWIEBELN

FÜR 4 PERSONEN

Zubereitungszeit: 15 Minuten
Garzeit: 15 Minuten

ZUTATEN:

4	große Kalbsleberscheiben
10	große Zwiebeln
•	Olivenöl
•	Gänsefett
100 ml	flüssige Sahne
1 Eßl.	Balsamessig
•	Salz, Pfeffer

Zwiebeln in dünne Scheiben schneiden. Zwiebelscheiben in einer großen **antihaftbeschichteten Pfanne** bei schwacher Hitze in Olivenöl glasig dünsten. Mit Salz und Pfeffer würzen.

In einer anderen Pfanne Kalbsleberscheiben in Gänsefett braten. Salzen und pfeffern, warm stellen.

Mit Balsamessig und flüssiger Sahne den Ansatz vom Boden der zweiten Pfanne lösen.

Kalbsleberscheiben auf vorgewärmten Tellern mit der Sauce übergossen servieren.

KALBSNUSS PROVENZALISCH

FÜR 5 PERSONEN

Zubereitungszeit: 25 Minuten
Garzeit: 65 Minuten

ZUTATEN:

1,5 kg	Kalbsnuß
2	große, in dünne Scheiben geschnittene Zwiebeln
4	große Tomaten
100 g	Tomatenmark
4	Knoblauchzehen
100 g	entsteinte grüne Oliven
1 Glas	Weißwein (100 ml)
200 g	kleine Zwiebeln
•	gehackte Petersilie
•	Olivenöl
•	Salz, Pfeffer

Kalbfleisch in Stücke schneiden (etwa 4 cm große Würfel).

Fleischstücke in einem **Schmortopf** in 3 Eßl. Olivenöl anbraten. Mit Salz und Pfeffer würzen. Danach herausnehmen und beiseite stellen.

Zwiebelscheiben im gleichen Schmortopf bei schwacher Hitze dünsten.

Tomaten 30 Sekunden in kochendes Wasser legen, damit sich die Haut leichter abziehen läßt. Dann die Kerne entfernen und das Fruchtfleisch in Stücke schneiden. Tomatenstücke mit zerdrücktem Knoblauch in den Schmortopf geben, 5 Minuten sachte kochen.

Tomatenmark, Weißwein und 1 Eßl. Olivenöl in einer Schüssel miteinander vermengen. Die Mischung ebenfalls in den Schmortopf geben.

Kleine Zwiebeln schälen und 30 Minuten in Salzwasser kochen.

bitte umblättern ☛

Kalbfleisch mit kleinen Zwiebeln und Oliven wieder in den Schmortopf geben. Das Ganze gut umrühren und zugedeckt 30 Minuten sachte schmoren. Bei Bedarf während des Schmorvorgangs etwas Weißwein angießen.

Abschmecken.

Auf einer vorgewärmten Platte anrichten und mit gehackter Petersilie bestreut servieren.

Empfohlene Beilagen: Ratatouille
Tomaten provenzalisch

KALBSROULADE MIT SCHINKEN PROVENZALISCH

FÜR 4 PERSONEN

Zubereitungszeit: 20 Minuten
Garzeit: 20 Minuten

ZUTATEN:

8 dünne Kalbsschnitzel
8 Scheiben roher Schinken
3 Eßl. Tomatenmark
100 g in dünne Scheiben geschnittene Schalotten
3 in dünne Scheiben geschnittene Knoblauchzehen
5 cl Cognac
• Thymian
• Gänsefett, Olivenöl
• Salz, Pfeffer

Kalbsschnitzel auf einer Seite mit Thymian bestreuen und mit je einer von der Schwarte und vom Fett befreiten Schinkenscheibe belegen. Danach zusammenrollen und mit Fäden umwickeln.

Die Rouladen in einem **Schmortopf** in 1 Eßl. Gänsefett goldbraun braten.

Zur gleichen Zeit Schalotten und Knoblauchscheiben in einer Pfanne in etwas Olivenöl dünsten.

In einer Schüssel Tomatenmark mit 100 ml Wasser und 1 Eßl. Olivenöl zu einem Püree verrühren. Mit Salz und Pfeffer würzen.

Tomatenpüree, Schalotten und Knoblauch in den Schmortopf geben.

Das Ganze umrühren und nochmals 2 bis 3 Minuten sachte kochen.

ANMERKUNG:

Dieses Gericht kann eine gute Viertelstunde warmgehalten werden.

Empfohlene Beilagen: Auberginen in Olivenöl
Überbackene Zucchini
Zuckererbsen

KALBSSCHNITZEL MIT PARMASCHINKENSAHNE

FÜR 4 PERSONEN

Zubereitungszeit: 15 Minuten
Garzeit: 35 Minuten

ZUTATEN:

4 große Kalbsschnitzel aus der Nuß (600 g)
6 Scheiben Parmaschinken
1 Zwiebel
150 ml Crème fraîche
1 Eßl. Olivenöl

Parmaschinkenscheiben in einer **antihaftbeschichteten Pfanne** leicht rösten (1 bis 2 Minuten auf jeder Seite), die Scheiben dabei sorgfältig auf dem Boden der Pfanne auslegen.

Danach im Backofen bei 130° C (Stufe 4) trocknen, bis sie vollkommen hart und brüchig geworden sind. In Stücke schneiden und im **Mixer** zerkleinern. Beiseite stellen.

Zwiebel in dünne Scheiben schneiden. Zwiebelscheiben in Olivenöl dünsten, zerkleinerten Parmaschinken und Crème fraîche zufügen. Mit Salz, Pfeffer und Cayennepfeffer würzen.

In einer anderen Pfanne Kalbsschnitzel (gesalzen und gepfeffert) in Gänsefett braten.

Auf einer Platte oder auf vorgewärmten Tellern anrichten und mit Parmaschinkensahne übergießen.

Empfohlene Beilagen: Grüne Bohnen
Zuckererbsen
Kichererbsenpüree

LAMMKEULE MIT MINZE

FÜR 5 PERSONEN
Zubereitungszeit: 15 Minuten
Garzeit: 1 Stunde

ZUTATEN:

1	Lammkeule (1,5 kg)
2	Sträuße Minze
1 Eßl.	Fruchtzucker
1 Glas	Apfelweinessig (100 ml)
•	Gänsefett
•	Salz, Pfeffer, Cayennepfeffer

Einen **Bräter** mit Gänsefett ausstreichen.

Den Boden mit Minzeblättern auslegen.

Lammkeule mit Gänsefett einreiben. Mit Salz, Pfeffer und Cayennepfeffer würzen.

Im vorgeheizten Backofen bei 220° C (Stufe 7) entsprechend der gewünschten Garstufe (blutig oder rosa) 45 bis 55 Minuten braten.

Etwa zwanzig Minzeblätter fein hacken.

Apfelweinessig mit feingehackter Minze in einem Topf 2 Minuten kochen. Vom Herd nehmen, 3 Minuten abkuhlen lassen. Fruchtzucker zufügen, dabei gut rühren, damit er sich auflöst. Bei Bedarf im **Mixer** pürieren. Minzesauce in das obere Kühlschrankfach stellen.

Lammkeule aus dem Ofen nehmen und im Bräter in Scheiben schneiden, das Blut dabei auffangen. Fleischscheiben auf einer vorgewärmten Platte anrichten.

Mit einem Glas kochendem Salzwasser den Ansatz vom Boden des Bräters lösen. Die Sauce als Alternative zur Minzesauce reichen.

Empfohlene Beilagen: Gedämpfter Brokkoli
Grüne Bohnen

LAMMKEULE MIT ROSMARIN

Siehe 3. Foto nach Seite 96

FÜR 4–5 PERSONEN

Zubereitungszeit: 10 Minuten
Garzeit: 45 Minuten

ZUTATEN:

1 Lammkeule (2 kg)
6 pürierte Knoblauchzehen
1 großer Zweig Rosmarin
1 Eßl. grobes Salz
• frisch gemahlener schwarzer Pfeffer
• Cayennepfeffer
• Gänsefett

Pürierten Knoblauch, feingehackten Rosmarin, grobes Salz, 2 Eßl. leicht geschmolzenes Gänsefett, 3 kräftige Prisen Pfeffer und Cayennepfeffer in einer Schüssel vermischen.

Lammkeule damit einreiben, gut einziehen lassen.

Danach mit der Hautseite nach oben in eine Steinzeugform legen und bei 250° C (Stufe 8) für 45 Minuten in den Backofen schieben.

3 Eßl. Gänsefett mit einem Glas kochendem Wasser verrühren.

Die Lammkeule alle fünfzehn Minuten damit begießen.

Empfohlene Beilagen: Weiße Bohnenkerne
Grüne Bohnen

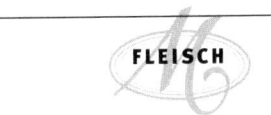

LAMMRÜCKEN PROVENZALISCH

FÜR 4 PERSONEN

Zubereitungszeit: 25 Minuten
Garzeit: 45 Minuten

ZUTATEN:

1	Lammrücken (1 kg)
	(8 große Koteletts)
100 ml	Weißwein
150 ml	Crème fraîche
1 Eßl.	Cognac
5	geschälte Knoblauchzehen
•	Olivenöl
•	Kräuter der Provence
400 g	Champignons
•	Salz, Pfeffer, Cayennepfeffer
1 Eßl.	gehackte Petersilie

2 Knoblauchzehen in je vier dünne Scheiben schneiden. Den Lammrücken zwischen jedem Kotelettstück tief einschneiden und die Knoblauchscheiben hineinstecken.

Einen **Bräter** mit Olivenöl einfetten. 4 Eßl. Olivenöl, Salz, Pfeffer und Cayennepfeffer in einer Tasse verrühren. Den Lammrücken in den Bräter legen und mit der Mischung bestreichen, Kräuter der Provence darüberstreuen. Bei 250° C (Stufe 8) für 20 bis 25 Minuten in den Backofen schieben.

In der Zwischenzeit Champignons putzen, entstielen und in Scheiben schneiden.

Champignonscheiben in einer Pfanne bei schwacher Hitze in Olivenöl dünsten. Salzen und pfeffern. Nach einigen Minuten die Kochflüssigkeit abgießen.

Restliche 3 Knoblauchzehen zerdrücken und mit der gehackten Petersilie vermengen. Die Mischung mit etwas Olivenöl zu den Champignons geben. Nochmals einige Minuten sachte dünsten, dabei gut umrühren.

Den Lammrücken aus dem Ofen nehmen und im Bräter zerteilen. Lammkoteletts warm stellen. Mit zuvor erhitztem Weißwein und Cognac den Ansatz vom Boden des Bräters lösen, Crème fraîche zufügen. Die Sauce in eine vorgewärmte Saucenschüssel geben.

Lammkoteletts auf einer vorgewärmten Platte mit Champignons umlegt servieren.

RINDERSCHMORBRATEN PROVENZALISCH

FÜR 5 PERSONEN   ZUTATEN:

Zubereitungszeit: 15 Minuten
Garzeit: 90 Minuten

1 kg	Rindfleisch (Oberschale), in Stücke geschnitten
150 g	Speckwürfel
4	in dünne Scheiben geschnittene Zwiebeln
300 ml	Rotwein
1	Bouquet garni (siehe Seite 95)
20	entsteinte grüne Oliven
20	entsteinte schwarze Oliven
75 g	Pilze (aus der Dose)
•	Olivenöl, Salz, Pfeffer

2 Eßl. Olivenöl in einem **Schmortopf** erhitzen. Zuerst Speckwürfel, dann Zwiebelscheiben sachte darin dünsten.

Fleischstücke zum Anbraten hineingeben, mit Salz und Pfeffer würzen.

Bouquet garni und Rotwein zufügen, zugedeckt 45 Minuten schmoren.

Pilze abtropfen lassen. Danach mit 1 Eßl. Schmorflüssigkeit im **Mixer** pürieren.

Pilzpüree und Oliven in den Schmortopf geben. Das Ganze bei schwacher Hitze zuerst 30 Minuten bei zugedecktem Topf, dann 30 Minuten im offenen Topf schmoren.

Bouquet garni entfernen, heiß servieren.

Empfohlene Beilagen: Selleriepüree
                            Paprikapüree

lecker!

RINDSGULASCH MIT ROTWEIN

Siehe Foto vor Seite 97

FÜR 5 PERSONEN

Zubereitungszeit: 15 Minuten
Garzeit: 170 Minuten

ZUTATEN:

1,5 kg	Rindfleisch, in 4 cm große Stücke geschnitten
200 g	Speckwürfel
350 g	Pilze
1/4 l	tanninhaltiger Rotwein (Corbières, Côtes-du-Rhône …)
10	kleine Zwiebeln
1/4 l	Fleischbrühe
1	Bouquet garni (siehe Seite 95)
1 Zweig	Petersilie
•	Gänsefett

Speckwürfel in einer Pfanne glasig braten. Ganze Zwiebeln zufügen und goldbraun rösten. Danach herausnehmen und beiseite stellen.

3 Eßl. Gänsefett in einem großen **Schmortopf** erhitzen. Fleischstücke hineingeben und goldbraun braten, Fleischbrühe angießen.

Speckwürfel und Zwiebeln in den Schmortopf geben. Rotwein, Salz, Pfeffer und Bouquet garni zufügen. Mit einem Deckel verschließen und mindestens 2 Stunden sachte schmoren.

Einen schöpflöffelgroße Menge Fleischbrühe aus dem Schmortopf in einen anderen Topf geben und die in dünne Scheiben geschnittenen Pilze 15 Minuten darin dünsten. Die Hälfte der gedünsteten Pilze mit der Kochflüssigkeit im **Mixer** pürieren. Pilzpüree mit den übrigen Pilzen in den Schmortopf geben.

Das Ganze ohne Deckel 30 Minuten kochen lassen. Danach das Bouquet garni entfernen, abschmecken und auf einer Platte mit frischer gehackter Petersilie bestreut servieren.

Empfohlene Beilagen: Selleriepüree
Zwiebelpüree

SCHWEINEBRATEN MIT CURRY

FÜR 4 PERSONEN   ZUTATEN:

Zubereitungszeit: 15 Minuten   1,8 kg Schweinefilet
Garzeit: 75 Minuten   4 Knoblauchzehen
                      3 Eßl. Gänsefett
             200 ml flüssige Sahne
              • Curry
              • Salz, Pfeffer

Schweinefleisch mit einem spitzen Messer an vier Stellen einschneiden und die Knoblauchzehen hineinstecken.

In einer Schüssel eine Marinade aus geschmolzenem Gänsefett (bei 35° C), Salz, Pfeffer und 1 Eßl. Curry anrühren.

Den Schweinebraten mit der Marinade einreiben, damit sie gut einzieht.

Danach bei 220° C (Stufe 7) für 75 Minuten in den Backofen schieben, dabei die restliche Marinade mit einem halben Glas Wasser in den **Bräter** geben.

Vor dem Servieren mit flüssiger Sahne den Ansatz vom Boden des Bräters lösen.

Empfohlene Beilagen: Rosenkohl
                           Brokkoli
                           Grüne Bohnen

SCHWEINEKAMM MIT WEISSEN RÜBEN
ANDALUSISCH

FÜR 4 PERSONEN

Zubereitungszeit: 15 Minuten
Garzeit: 75 Minuten

ZUTATEN:

800 g	Schweinefleisch (Kamm)
100 g	Speckwürfel
800 g	geschälte und gewaschene weiße Rüben
100 g	entsteinte schwarze Oliven
100 g	entsteinte grüne Oliven
3–4 Eßl.	Tomatenmark
1 Glas	Portwein (7 cl)
•	Salz, Pfeffer, Olivenöl

In einem **Schmortopf** etwas Olivenöl erhitzen. Speckwürfel hineingeben und bei schwacher Hitze glasig dünsten.

Weiße Rüben in 3 cm große Würfel schneiden. Rübenwürfel 3 Minuten in kochendem Salzwasser blanchieren, gut abtropfen lassen.

Schweinefleisch in Stücke schneiden. Fleischstücke in den Schmortopf geben und im ausgebratenen Fett der Speckwürfel bei schwacher Hitze in etwa 10 Minuten goldbraun braten. Mit Salz und Pfeffer würzen. Danach Rübenwürfel, Oliven und Tomatenmark zufügen. Portwein angießen, umrühren.

Den **Schmortopf** mit einem Deckel verschließen und das Ganze 1 Stunde sachte schmoren.

SCHWEINEKOTELETTS IN SENFSAUCE

FÜR 4 PERSONEN   ZUTATEN:

Zubereitungszeit: 10 Minuten
Garzeit: 25 Minuten

4	große Schweinekoteletts (oder 8 kleine)
80 g	Crème fraîche
3 Eßl.	scharfer Senf
1 Eßl.	Kapern
1 Eßl.	Gänsefett

Crème fraîche, Senf und Kapern zu einer Sauce verrühren.

In einer großen Pfanne Gänsefett erhitzen. Schweinekoteletts hineingeben und auf jeder Seite 7 bis 8 Minuten braten. Salzen und pfeffern.

Sauce über die Koteletts geben und das Ganze zugedeckt etwa 10 Minuten sachte kochen lassen.

Auf vorgewärmten Tellern servieren.

Empfohlene Beilagen: Selleriepüree
Grüne Bohnen

TOURNEDOS MIT OLIVEN

FÜR 4 PERSONEN

Zubereitungszeit: 15 Minuten
Garzeit: 25 Minuten

ZUTATEN:

4 Tournedos (Rinderlendenschnitte)
  (je 200 g)
4 große Tomaten
20 entsteinte schwarze Oliven
4 Eßl. Sardellenpaste
• Olivenöl
• Salz, Pfeffer, Kräuter der Provence

Tomaten waagerecht in drei Teile schneiden. Tomatenteile in eine **feuerfeste Form** legen, dabei auf jeder Seite mit Olivenöl bestreichen. Mit Salz, Pfeffer und Kräutern der Provence würzen.

Danach im Backofen leicht grillen, warm stellen.

Oliven in einer Pfanne in Olivenöl sachte dünsten.

Tournedos mit Sardellenpaste bestreichen. In einer Pfanne auf jeder Seite 2 bis 3 Minuten in Olivenöl braten. Nicht salzen.

Tournedos mit Tomaten, Oliven und der Kochflüssigkeit der Oliven anrichten, sehr heiß servieren.

TOURNEDOS PROVENZALISCH

Siehe Foto nach Seite 128

FÜR 4 PERSONEN

Zubereitungszeit: 15 Minuten
Garzeit: 40 Minuten

ZUTATEN:

4 Tournedos (Filet)
  (je 200 g)
6 große Tomaten
2 in dünne Scheiben geschnittene Zwiebeln
3 rote Paprikaschoten
3 in dünne Scheiben geschnittene
  Knoblauchzehen
• Olivenöl, Gänsefett
• Salz, Pfeffer, Kräuter der Provence

Paprikaschoten halbieren, entstielen und entkernen. Paprikahälften im Backofen grillen, bis sie anfangen, sich zu verfärben und Blasen zu werfen. Danach einige Minuten abkühlen lassen.

Paprikahälften von der Haut befreien und in etwa 1 cm dicke Streifen schneiden.

Tomaten 40 Sekunden in kochendes Wasser legen, abziehen und die Kerne entfernen. Das Fruchtfleisch in kleine Würfel schneiden.

2 bis 3 Eßl. Olivenöl in einer großen Pfanne erhitzen. Zwiebelscheiben darin dünsten, dabei häufig rühren. Zuerst Knoblauchscheiben, dann Tomatenwürfel und Paprikastreifen zufügen.

Mit Salz, Pfeffer und Kräutern der Provence würzen. Das Ganze 20 Minuten sachte kochen lassen.

In einer anderen Pfanne etwas Gänsefett erhitzen. Tournedos hineingeben und auf jeder Seite 2 bis 3 Minuten goldbraun braten. Salzen und pfeffern.

Gemüsemischung über das Fleisch geben, nochmals 2 Minuten kochen.

Heiß servieren.

ENTENBRUSTGULASCH MIT ROTWEIN

FÜR 5 PERSONEN   ZUTATEN:

Zubereitungszeit: 25 Minuten   4   Entenbrustfilets
Garzeit: 70 Minuten   3   große, in dünne Scheiben geschnittene
                                        Zwiebeln
                                    4   Knoblauchzehen
                                200 g   kleine Pilze aus der Dose
                                150 g   kleine geschälte Zwiebeln
                                1/4 l   Rotwein
                                    1   Bouquet garni (siehe Seite 95)
                                    •   Salz, Pfeffer, Cayennepfeffer, Muskat

Entenbrustfilets mit einem scharfen Messer vom größten Teil ihrer Fettschicht befreien (etwa 1mm belassen).

Das Fett von zwei Entenbrustfilets in einem **Schmortopf** leicht erhitzen. Eventuell nicht aufgelöste Rückstände entfernen, nur 3 Eßl. Fett zurückbehalten.

Entenbrustfilets in diesem Fett 2 bis 3 Minuten anbraten. Salzen und pfeffern. Danach das Fleisch herausnehmen und beiseite stellen.

Zuerst Zwiebelscheiben, dann Knoblauchzehen im Schmortopf dünsten.

Rotwein angießen, Bouquet garni zufügen. Mit Salz, Pfeffer, Cayennepfeffer und Muskat würzen. Ohne Deckel kochen lassen, damit die Flüssigkeit verdampfen kann.

100 g Pilze im **Mixer** pürieren. Pilzpüree mit den restlichen Pilzen und den kleinen Zwiebeln in den Schmortopf geben.

Das Ganze ohne Deckel bei starker Hitze 20 bis 30 Minuten kochen, bis eine dicke Sauce entsteht. Danach das Bouquet garni entfernen, abschmecken.

10 bis 15 Minuten vor dem Servieren die Entenbrustfilets wieder in den Schmortopf geben und zugedeckt schmoren lassen.

ANMERKUNG:

Dieses Gericht läßt sich im voraus zubereiten. Sobald die Sauce aufgewärmt ist, das Fleisch hineingeben und das Ganze sachte erhitzen.

EINGEMACHTES ENTENFLEISCH
MIT SAUERKRAUT

FÜR 4 PERSONEN   ZUTATEN:

Zubereitungszeit: 10 Minuten   4 eingemachte Entenkeulen
Garzeit: 30 Minuten   800 g frisches Sauerkraut

Eingemachte Entenkeulen entfetten und in den oberen Dämpfeinsatz eines **Dämpftopfes** legen.

Sauerkraut in den anderen Dämpfeinsatz legen. Bei Bedarf würzen.

Alles 30 Minuten dämpfen (ab Kochzeitpunkt des Wassers).

Sauerkraut gelegentlich umrühren, damit es gleichmäßig gar wird.

Entenkeulen mit Sauerkraut umlegt servieren.

ENTE MIT OLIVEN

FÜR 4 PERSONEN   ZUTATEN:

Zubereitungszeit: 20 Minuten   1   große Ente (mit Leber)
Garzeit: 130 Minuten   300 g   entsteinte grüne Oliven
     300 g   entsteinte schwarze Oliven
     2   Eier
     2 Scheiben   Schrotbrot
     100 ml   flüssige Sahne
     1   geschälte Zwiebel
     •   Salz, Pfeffer, Cayennepfeffer
     •   Olivenöl

Entenleber in Stücke schneiden. Leberstücke in einer Pfanne in Olivenöl braten.

Brotscheiben in flüssiger Sahne einweichen.

Leberstücke, 100 g grüne Oliven, 100 g schwarze Oliven, Eier und eingeweichte Brotscheiben im **Mixer** pürieren. Mit Salz, reichlich Pfeffer, Cayennepfeffer und Kräutern der Provence würzen.

Ente damit füllen und die Öffnung mit der Zwiebel verschließen.

Gefüllte Ente in einen **Bräter** legen und mit Salz, Pfeffer und Cayennepfeffer würzen. Danach bei 160° C (Stufe 5) in den Backofen schieben.

Nach einer Stunde die Ente mit einem Glas Salzwasser begießen und die restlichen grünen und schwarzen Oliven gleichmäßig im Bräter verteilen.

Nochmals 1 Stunde bei 130° C (Stufe 4) braten.

Oliven mit einem Schaumlöffel herausnehmen, warm stellen. Den Bräter leicht entfetten und mit einem Glas kochendem Wasser den Ansatz vom Boden des Bräters lösen.

Ente im Bräter zerlegen, um die abtropfende Flüssigkeit aufzufangen. Entenstücke (darunter die Filets) auf einer vorgewärmten Platte anrichten. Sauce unter Rühren nochmals erhitzen und in einer vorgewärmten Saucenschüssel gesondert dazu reichen.

ENTENBRUST IN FOLIE GEGART

FÜR 5 PERSONEN

Zubereitungszeit: 15 Minuten
Garzeit: 15 Minuten

ZUTATEN:

4 Entenbrustfilets
200 ml Crème fraîche
2 EßI. scharfer Senf
• Salz, Pfeffer, Cayennepfeffer
• Kräuter der Provence

Jedes Entenbrustfilet mit der Fettseite auf ein rechteckiges Stück **Aluminiumfolie** legen. Mit Salz, Pfeffer, Cayennepfeffer und einigen Kräutern der Provence würzen. Danach Aluminiumfolie fest verschließen.

Auf dem Grill, im Kamin oder im vorgeheizten Backofen (250° C – Stufe 8) entsprechend der Gartechnik und der Hitzeeinwirkung 5 bis 10 Minuten garen. Am besten ein Folienpaket nach 6 Minuten öffnen, um den Garzustand zu überprüfen.

Entenbrustfilets in dünne Scheiben schneiden und auf einer vorgewärmten Platte bereit stellen.

2 EßI. des abgetropften Entenfetts in einen Topf geben und mit Senf und Crème fraîche zu einer sämigen Sauce verrühren.

Empfohlene Beilagen: Selleriepüree
Champignons mit Petersilie
Tomaten provenzalisch

ENTENBRUST MIT OLIVEN

FÜR 4 PERSONEN   ZUTATEN:

Zubereitungszeit: 15 Minuten   500 g entsteinte grüne Oliven
Garzeit: 20 Minuten   3 Entenbrustfilets
                      • Salz, Pfeffer, Cayennepfeffer
                      • Olivenöl

200 g Oliven unter Zugabe von 1 Eßl. Olivenöl im **Mixer** pürieren.

Entenbrustfilets von 3/4 ihrer Fettschicht befreien.

1/3 des Entenfetts zurückbehalten und in kleine Würfel schneiden. Fettwürfel in einem **Schmortopf** leicht erhitzen.

Eventuell nicht aufgelöste Rückstände mit einem Schaumlöffel entfernen.

Olivenpüree hineingeben, mit Salz und Pfeffer würzen. Restliche Oliven zufügen, unter Rühren 5 Minuten dünsten.

Entenbrustfilets in einer **antihaftbeschichteten Pfanne** auf der Fettseite 2 Minuten braten. Danach vom Herd nehmen.

Entenbrustfilets in 1 cm dicke Stücke schneiden. Fleischstücke nach und nach in den Schmortopf geben.

Auf vorgewärmten Tellern servieren.

Empfohlene Beilagen: Champignons mit Petersilie
                           Überbackene Auberginen oder Zucchini

ENTENBRUST MIT ORANGEN

FÜR 4 PERSONEN   ZUTATEN:

Zubereitungszeit: 20 Minuten   3 Entenbrustfilets
Garzeit: 15 Minuten   3 Orangen
                               • Saft zweier Orangen
                               • Salz, Pfeffer

Entenbrustfilets mit einem scharfen Messer vom größten Teil ihrer Fettschicht befreien (etwa 1 mm belassen).

Das Fett eines Entenbrustfilets zurückbehalten und in kleine Würfel schneiden (einige Millimeter groß).

Fettwürfel in einem **Schmortopf** leicht erhitzen.

Eventuell nicht aufgelöste Rückstände mit einem Schaumlöffel entfernen.

Orangen schälen und in Scheiben schneiden.

Orangenscheiben in einem Schmortopf 3 Minuten pochieren.

Entenbrustfilets mit der Fettseite nach oben in eine **feuerfeste Form** legen. Mit Salz würzen.

Orangenscheiben ringsum anordnen, Orangensaft zugießen.

Danach im vorgeheizten Backofen 6 Minuten grillen (10 cm Abstand zur Wärmequelle). Ofentemperatur auf 100° C (Stufe 3) zurücknehmen.

Entenbrustfilets herausnehmen und auf ein Schneidbrett legen. Die feuerfeste Form nochmals für 2 bis 3 Minuten in den Backofen schieben.

Entenbrustfilets in dünne Scheiben schneiden (5 mm dick). Fleischscheiben mit der abgetropften Flüssigkeit wieder in die feuerfeste Form legen (außer es werden blutige Entenbrustfilets verlangt).

Sofort auf vorgewärmten Tellern servieren.

ENTENBRUSTBRATEN

FÜR 4 PERSONEN

Zubereitungszeit: 20 Minuten
Garzeit: 25 Minuten

ZUTATEN:

3 große Entenbrustfilets
2 Knoblauchzehen
• Salz, Pfeffer, Kräuter der Provence

Ein Entenbrustfilet von der gesamten Fettschicht befreien. Dazu den fetten und den mageren Teil mit der Hand auseinanderziehen und mit einem scharfen Messer voneinander trennen.

Aus den drei Entenbrustfilets einen Braten formen. Dazu das vom Fett befreite Entenbrustfilet zwischen die beiden anderen legen, deren Fettseite nach außen gerichtet ist. Zuvor jede Seite mit Salz, Pfeffer und Kräutern der Provence würzen.

Entenbrustfilets mit einem Faden umwickeln.

Knoblauchzehen halbieren. Den Entenbrustbraten mit einem spitzen Messer einschneiden und die Knoblauchhälften hineinstecken.

Danach in einen **Bräter** legen und bei 220° C (Stufe 7) für 25 Minuten in den Backofen schieben.

Nach der Hälfte der Bratzeit das abgetropfte Fett entfernen und ein halbes Glas heißes Salzwasser angießen.

Wie einen Rinderbraten im Bräter zerteilen. Das Fleisch sollte innen gut rosa und heiß sein.

Mit der abgetropften Flüssigkeit servieren.

Oder mit flüssiger Sahne den Ansatz vom Boden des Bräters lösen und mit Salz, Pfeffer und einer Messerspitze Cayennepfeffer würzen.

Empfohlene Beilagen: Weiße Bohnen
Champignons mit Petersilie
Steinpilze

FASAN MIT SAUERKRAUT

Siehe 2. Foto nach Seite 128

FÜR 4 PERSONEN

Zubereitungszeit: 30 Minuten
Garzeit: 105 Minuten

ZUTATEN:

2	kleine Fasane (gerupft und ausgenommen)
2	Speckscheiben
1,2 kg	rohes Sauerkraut
300 g	Speckwürfel
2	kleine Zwiebeln
1	Bouquet garni (siehe Seite 95)
•	Wacholderbeeren, Pfefferkörner
•	Weißwein
•	Gänsefett
1/2 Glas	Cognac (ca. 3 cl)
•	Salz, Pfeffer

Sauerkraut waschen, ausdrücken, abtropfen lassen.

Speckwürfel mit geviertelten Zwiebeln in einem **Schmortopf** dünsten. Bouquet garni und jeweils etwa zehn Wacholderbeeren und Pfefferkörner zufügen.

Sauerkraut hineingeben. Soviel Weißwein angießen, daß das Sauerkraut fast bedeckt ist. Zum Kochen bringen, mit einem Deckel verschließen und den Topf bei 130° C (Stufe 4) für 1 Stunde in den Backofen schieben.

In einem anderen Schmortopf 2 Eßl. Gänsefett erhitzen. Gesalzene und gepfefferte Fasane mit je einer Speckscheibe umwickeln und goldbraun braten. Danach den Deckel auf den Topf legen und 30 Minuten sachte schmoren.

Das Sauerkraut aus dem Ofen nehmen, dabei den Garzustand überprüfen (es muß glasig sein). Abtropfen lassen, Zwiebeln und Bouqet garni entfernen. Danach auf einer Platte anrichten, warm stellen.

Fasane halbieren, Fasanenhälften mit Cognac flambieren.

Fäden entfernen, Fasanenhälften auf das Sauerkrautbett legen. Mit etwas Weißwein den Ansatz vom Boden des zweiten Schmortopfs lösen. Sauce über die Fasanenhälften geben oder in einer Saucenschüssel gesondert dazu reichen.

Sofort servieren.

FLAMBIERTES PERLHUHN
MIT CHICORÉE

FÜR 4 PERSONEN

Zubereitungszeit: 25 Minuten
Garzeit: 55 Minuten

ZUTATEN:

1	Perlhuhn (1,2 kg)
8	Stauden Chicorée
•	Gänsefett
1/2 Glas	Cognac (ca. 3 cl)
100 ml	flüssige Sahne
•	Salz, Pfeffer, Cayennepfeffer

Perlhuhn mit Gänsefett einreiben. Mit Salz, Pfeffer und Cayennepfeffer würzen.

Danach in eine **feuerfeste Form** legen und bei 230° C (Stufe 7) für 55 Minuten in den Backofen schieben.

In der Zwischenzeit Chicoréestauden 30 Minuten in Salzwasser kochen. Gut abtropfen lassen.

15 Minuten vor Ende der Bratzeit Chicoréestauden zum Perlhuhn geben.

Chicoréekolben herausnehmen und auf eine Platte legen.

Perlhuhn in der Form zerlegen. Perlhuhnstücke mit Cognac flambieren und auf der Platte anrichten.

Mit flüssiger Sahne den Ansatz vom Boden der Form lösen. Sauce in einer vorgewärmten Saucenschüssel gesondert dazu reichen.

GANS GEFÜLLT MIT MARONEN

FÜR 10 PERSONEN

Zubereitungszeit: 30 Minuten
Garzeit: 225 Minuten

ZUTATEN:

1	Gans (3 kg)
	(möglichst mit Leber)
2 kg	frische Maronen
3 Würfel	Geflügelbrühe
3 Eßl.	Crème fraîche
2	Lorbeerblätter
400 ml	flüssige Sahne
•	Salz, Pfeffer, Cayennepfeffer
•	Kräuter der Provence

1 Liter Geflügelbrühe herstellen, Lorbeerblätter hineingeben. Maronen schälen und 35 Minuten in der Geflügelbrühe kochen. Abtropfen lassen, beiseite stellen.

Gänseleber (oder statt dessen 500 g Geflügelleber) in einer Pfanne in Gänsefett braten. Salzen, pfeffern und mit Kräutern der Provence bestreuen.

Knapp die Hälfte der Maronen, Leber und Crème fraîche im **Mixer** pürieren. Mit Salz, Pfeffer und Cayennepfeffer würzen.

Die Gans damit füllen und die Öffnung zunähen.

Danach in eine große **feuerfeste Form** legen und bei 160° C (Stufe 5) für mindestens 3 Stunden in den Backofen schieben.

Während des Garvorgangs das abgetropfte Fett abgießen (kann anderweitig verwendet werden).

30 Minuten vor Ende der Garzeit restliche Maronen zufügen.

Mit flüssiger Sahne den Ansatz vom Boden der Form lösen, zuvor den größten Teil des Fettes entfernen.

GESCHNETZELTE HÜHNERBRUST
MIT CURRY

FÜR 5 PERSONEN

Zubereitungszeit: 20 Minuten
Garzeit: 35 Minuten

ZUTATEN:

5	Hühnerbrustfilets
3	große, in dünne Scheibe geschnittene Zwiebeln
500 g	Champignons
300 ml	flüssige Sahne mit 15 % Fettgehalt (oder Sojasahne)
•	Gänsefett
•	Olivenöl
3 Teel.	Curry
•	Salz, Pfeffer
•	spanischer Paprika, edelsüß
•	Kräuter der Provence

Zwiebelscheiben in einem **Schmortopf** in Olivenöl dünsten.

Champignons putzen, in dünne Scheiben schneiden. Champignonscheiben in einem **Dämpftopf** in 20 Minuten gar dämpfen.

Hühnerbrustfilets in 2 cm dicke Stücke schneiden.

Hühnerbruststücke in einer Pfanne bei schwacher Hitze in etwas Gänsefett braten. Reichlich salzen, pfeffern, Paprika und Kräuter der Provence zufügen. Fleischstücke ständig wenden, damit sich die Hitze gut verteilt (das Fleisch sollte seine weiße Farbe behalten).

Champignons und Hühnerbruststücke zu den Zwiebeln in den Schmortopf geben. Flüssige Sahne und 3 gestrichene Teel. Curry zufügen. Das Ganze gut umrühren und zugedeckt 5 Minuten sachte schmoren.

Bei Bedarf mit Curry nachwürzen (hängt vom Geschmack der Gäste ab).

HÄHNCHEN
GEFÜLLT MIT KNOBLAUCH

FÜR 5 PERSONEN   ZUTATEN:

Zubereitungszeit: 30 Minuten

Garzeit: 2 Stunden

1 großes Hähnchen vom Bauernhof (1,5 kg) mit Leber und Muskelmagen

3 Knoblauchknollen

1 Ei und

1 Eigelb

• Salz, Pfeffer, Cayennepfeffer

• Gänsefett

• Kräuter der Provence

Geschälte Knoblauchzehen in einem **Dämpftopf** 30 Minuten lang dämpfen.

Leber und Muskelmagen in kleine Stücke schneiden. Leber- und Muskelmagenstückchen in einer Pfanne bei mittlerer Hitze in etwas Gänsefett braten.

Knoblauchzehen sowie Leber- und Muskelmagenstückchen mit den Eiern im **Mixer** pürieren. Mit Salz, Pfeffer und Cayennepfeffer würzen.

Das Hähnchen damit füllen und die Öffnung entweder zunähen oder mit **Aluminiumfolie** abdecken.

Das gefüllte Hähnchen mit Gänsefett einreiben und 1 Eßl. davon auf den Rücken geben. Salzen, pfeffern und mit Kräutern der Provence bestreuen.

Danach in einen **Bräter** legen und im vorgeheizten Backofen bei 220° C (Stufe 7) 75 Minuten braten.

Nach der Hälfte der Bratzeit ein Glas heißes Salzwasser angießen und das Hähnchen mit dem Bratensaft beträufeln.

Das Hähnchen zerlegen, mit der Füllung servieren.

Mit heißem Wasser den Ansatz vom Boden des Bräters lösen, die Sauce gesondert dazu reichen.

Empfohlene Beilagen: Gedünsteter Chicorée
                          Tomaten provenzalisch

TOURNEDOS PROVENZALISCH – Rezept auf Seite 116

FASAN MIT SAUERKRAUT – Rezept auf Seite 124

HÄHNCHEN IN BURGUNDER – Rezept auf Seite 129

FORELLEN MIT MANDELN – Rezept auf Seite 151

HÄHNCHEN IN BURGUNDER

Siehe 3. Foto nach Seite 128

FÜR 4 PERSONEN

Zubereitungszeit: 30 Minuten
Garzeit: 70 Minuten

ZUTATEN:

1	großes Hähnchen vom Bauernhof
2	in dünne Scheiben geschnittene Zwiebeln
2	Knoblauchzehen
100 g	Speckwürfel
400 g	Pilze aus der Dose
1/2 l	tanninhaltiger Rotwein (Corbières, Côtes-du-Rhône)
2 Eßl.	Gänsefett
•	Salz, Pfeffer, Cayennepfeffer

Hähnchen in mehrere Stücke zerlegen. Den größten Teil der Haut entfernen.

In einem **Schmortopf** Gänsefett erhitzen. Zwiebelscheiben und Knoblauchzehen bei schwacher Hitze darin dünsten.

In der Zwischenzeit Speckwürfel in einer **antihaftbeschichteten Pfanne** rösten, bis das meiste Fett ausgebraten ist.

Hähnchenstücke im **Schmortopf** goldbraun anbraten. Speckwürfel (ohne das ausgebratene Fett) zufügen, Rotwein angießen. Mit Salz, Pfeffer und Cayennepfeffer würzen. Danach kräftig aufkochen, die Hitze drosseln und sachte kochen lassen.

Pilze abtropfen lassen. Die Hälfte der abgetropften Pilze mit etwas Wein im **Mixer** pürieren. Pilzpüree mit den restlichen Pilzen in den Schmortopf geben.

Das Ganze umrühren und bei schwacher Hitze 1 Stunde kochen. Abschmecken, abkühlen lassen.

Vor dem Servieren langsam erhitzen.

Empfohlene Beilagen: Selleriepüree (Knollensellerie)
Zwiebelpüree

HÄHNCHEN IN SALZKRUSTE

FÜR 4 PERSONEN

Zubereitungszeit: 10 Minuten
Garzeit: 100 Minuten

ZUTATEN:

1	großes Hähnchen vom Bauernhof
2-3 kg	grobes Salz
300 ml	flüssige Sahne
1 Würfel	Hühnerbrühe

In einen großen Gußtopf eine 2 cm dicke Salzschicht geben. Das Hähnchen darauflegen und mit einer mindestens 1,5 cm dicken Salzschicht bedecken.

Bei 180° C (Stufe 6) für 90 Minuten in den Backofen schieben.

Salzkruste aufbrechen und das Hähnchen herausnehmen.

Vor dem Servieren zerlegen.

Da es keinen Bratensaft gibt, läßt sich aus 1 Würfel Hühnerbrühe und 300 ml flüssiger Sahne eine Sauce herstellen. Zuvor den Brühwürfel mit einem Messer zerkleinern. Sahne nicht zu stark erhitzen.

Empfohlene Beilagen: Gedünsteter Chicorée
Überbackener Blumenkohl
Zucchini-Auflauf

HÄHNCHEN MIT ÄPFELN UND APFELWEINSAUCE

FÜR 4–5 PERSONEN

Zubereitungszeit: 20 Minuten
Garzeit: 100 Minuten

ZUTATEN:

1	großes Hähnchen vom Bauernhof (1,5 kg)
1 kg	Äpfel
200 ml	Apfelwein
1 Würfel	Hühnerbrühe
200 ml	flüssige Sahne
•	Zimt
•	Gänsefett
•	Salz, Pfeffer, Cayennepfeffer

Hähnchen mit 1 Eßl. Gänsefett einreiben und mit Salz, Pfeffer und Cayennepfeffer würzen. Danach im Backofen bei 220° C (Stufe 7) 80 Minuten braten.

Äpfel schälen und in Stücke schneiden.

Apfelstücke in einer Pfanne in Gänsefett dünsten. Regelmäßig umrühren. Salzen, pfeffern und mit reichlich Zimt bestreuen. Beiseite stellen.

Apfelwein in einem Topf zum Kochen bringen und auf 1/4 der ursprünglichen Menge einkochen lassen. Den Brühwürfel hineingeben und darin auflösen, flüssige Sahne zufügen. Das Ganze zum Kochen bringen, vom Herd nehmen. Abschmecken.

15 Minuten vor Ende der Bratzeit die Apfelstücke um das Hähnchen legen.

Hähnchen zerlegen, Hähnchenteile mit aufgewärmter Apfelweinsauce übergießen und mit den Zimtäpfeln als Beilage servieren.

HÄHNCHEN MIT KNOBLAUCH

FÜR 4 PERSONEN

Zubereitungszeit: 20 Minuten
Garzeit: 80 Minuten

ZUTATEN:

1 Hähnchen vom Bauernhof (etwa 1,4 kg)
  mit Leber
4 Knoblauchknollen (etwa zwanzig Zehen)
1 Selleriestange
• Gänsefett

Hähnchenleber in einer Pfanne in Gänsefett braten. Salzen und pfeffern.

4 Knoblauchzehen zerdrücken, Selleriestange in kleine Stücke schneiden.

Hähnchenleber, zerdrückte Knoblauchzehen, Selleriestücke und 1 Eßl. Gänsefett im **Mixer** pürieren. Mit Salz und Pfeffer würzen.

Das Hähnchen damit füllen und in eine Form legen. Mit Gänsefett einreiben und mit Salz, Pfeffer und Cayennepfeffer würzen. Danach im Backofen bei 210° C (Stufe 7) 75 Minuten braten.

Nach 20 Minuten Bratzeit das Hähnchen mit einem Glas heißem Salzwasser begießen. Restliche ungeschälte Knoblauchzehen um das Hähnchen legen und bis zum Schluß mitgaren.

Empfohlene Beilagen: Gedünsteter Fenchel
In Gänsefett gedünstete Selleriewürfel (Knollensellerie)

HÄHNCHEN MIT STEINPILZEN

FÜR 4 PERSONEN   ZUTATEN:

Zubereitungszeit: 20 Minuten

Garzeit: 45 Minuten

2	Hähnchen (je 600-800 g)
8	große frische Steinpilze
•	Saft einer Zitrone
1 Eßl.	frische gehackte Petersilie
•	Olivenöl
•	Salz, Pfeffer

Steinpilze putzen, in Stücke schneiden.

Hähnchen in acht Teile zerlegen.

Olivenöl in einem **Schmortopf** erhitzen. Hähnchenteile hineingeben und rundherum (besonders auf der Hautseite) goldbraun braten, was ungefähr 12 Minuten in Anspruch nimmt. Mit Salz und Pfeffer würzen.

Pilzstücke in den Schmortopf geben, Olivenöl angießen. Die Hitze so weit wie möglich drosseln, den Deckel auf den Topf legen und das Ganze 30 Minuten schmoren. Nach der Hälfte der Schmorzeit Salz, Pfeffer und Zitronensaft zufügen.

Mit Petersilie bestreuen, heiß servieren.

HÄHNCHEN PROVENZALISCHER ART

FÜR 4–5 PERSONEN ZUTATEN:

Zubereitungszeit: 15 Minuten

Garzeit: 40 Minuten

1	großes Hähnchen vom Bauernhof
1	große, in dünne Scheiben geschnittene Zwiebel
4	in dünne Scheiben geschnittene Knoblauchzehen
250 ml	Hühnerbrühe
3 EßI.	Tomatenmark
•	Olivenöl
•	Salz, Pfeffer, Cayennepfeffer
•	Kräuter der Provence

Hähnchen in acht Teile zerlegen.

Hähnchenteile mit der Hautseite nach oben in ein **feuerfeste Form** legen. Mit Olivenöl begießen und mit Salz, Pfeffer und Cayennepfeffer würzen.

Danach im Backofen etwa 30 Minuten grillen. Die Haut sollte trocken und knusprig werden, ohne zu verbrennen.

Zwiebel- und Knoblauchscheiben in einem Topf in Olivenöl dünsten. Hühnerbrühe angießen, Tomatenmark unterrühren. Salzen und pfeffern.

Hähnchenteile mit der Tomatensauce übergießen. Mit einigen Kräutern der Provence bestreuen und bei 130° C (Stufe 4) nochmals für 5 bis 10 Minuten in den Backofen schieben.

In der Form oder auf einer vorgewärmten Platte servieren.

Empfohlene Beilage: Ratatouille

HÜHNERBRUST MIT ESTRAGON
IN FOLIE GEGART

FÜR 4 PERSONEN

Zubereitungszeit: 20 Minuten
Garzeit: 15 Minuten

ZUTATEN:

4	Hühnerbrustfilets
2	Tomaten
1/2 Bund	Estragon
•	Saft einer Zitrone
4 Eßl.	Olivenöl
•	Salz, Pfeffer, Cayennepfeffer
1 Teel.	scharfer Senf

Tomaten in Scheiben schneiden. Tomatenscheiben beidseitig salzen, auf **Küchenkrepp** abtropfen lassen.

Den Backofen auf 250° C (Stufe 8) vorheizen.

Die schönsten Estragonblätter zurückbehalten.

Hühnerbrustfilets in je 5 bis 6 Stücke schneiden. Die Stücke jedes Hühnerbrustfilets in der ursprünglichen Form auf ein Stück **Aluminiumfolie** legen, dabei an jeder Schnittstelle eine Tomatenscheibe und einige Estragonblätter einschieben.

Hühnerbrustfilets mit je 1 Eßl. Olivenöl und 1/4 des Zitronensafts begießen.

Mit Salz, Pfeffer und Cayennepfeffer würzen. Danach die Aluminiumfolie fest verschließen.

Im Backofen 15 Minuten garen.

Die abgetropfte Flüssigkeit mit dem Senf zu einer Sauce verrühren. Hühnerbrustfilets damit servieren.

HÜHNERBRUST MIT KNOBLAUCHSAUCE

FÜR 4 PERSONEN   ZUTATEN:

Zubereitungszeit: 20 Minuten

Garzeit: 1 Stunde

4	Hühnerbrustfilets
2	Knoblauchknollen
300 ml	Sojasahne
•	Gänsefett
•	Salz, Pfeffer, Cayennepfeffer
•	Spanischer Paprika, edelsüß
1 Strauß	Petersilie

Knoblauchzehen schälen und in einem **Dämpftopf** 30 Minuten lang dämpfen.

Hühnerbrustfilets in eine **feuerfeste Form** legen und mit Gänsefett einreiben.

Mit Salz, Pfeffer und etwas Cayennepfeffer würzen.

Danach bei 190° C (Stufe 6) für 20 bis 25 Minuten in den Backofen schieben.

Knoblauchzehen mit Sojasahne im **Mixer** pürieren. Salzen und pfeffern, 1/2 Teel. Paprika zufügen.

Hühnerbrustfilets aus dem Ofen nehmen und quer in 1 bis 2 cm breite Stücke schneiden. Hühnerbruststücke wieder in die Form geben und mit der Knoblauchsauce übergießen.

Das Ganze bei 100° C (Stufe 3) für 10 bis 15 Minuten in den Backofen schieben.

Vor dem Servieren mit gehackter Petersilie bestreuen.

Empfohlene Beilagen: Ratatouille
Tomaten provenzalisch

HÜHNERBRUST MIT LIMETTENSAUCE

FÜR 4 PERSONEN

Zubereitungszeit: 15 Minuten
Garzeit: 45 Minuten

ZUTATEN:

4	Hühnerbrustfilets
5	Knoblauchzehen
3	Limetten
4 Eßl.	Olivenöl
•	Salz, Pfeffer, Cayennepfeffer

In einer Schüssel eine Marinade aus Limettensaft, Olivenöl, zerdrücktem Knoblauch, Salz und Pfeffer anrühren.

Hühnerbrustfilets mit Cayennepfeffer bestreuen und in die Marinade legen.

Danach einige Stunden in den Kühlschrank stellen, regelmäßig umrühren.

Hühnerbrustfilets abtropfen lassen und in einen **Bräter** legen. Bei 190° C (Stufe 6) für 30 Minuten in den Backofen schieben.

In der Zwischenzeit die Marinade in einen Topf geben, zum Kochen bringen und einkochen lassen, bis eine dicke Sauce entstanden ist.

Hühnerbrustfilets mit der Sauce überzogen servieren.

Empfohlene Beilagen: Bohnen extra-fein
Brokkoli

HÜHNERBRUST PROVENZALISCHER ART

FÜR 4 PERSONEN   ZUTATEN:

Zubereitungszeit: 10 Minuten
Garzeit: 15 Minuten

4	Hühnerbrustfilets
500 g	Tomatenpüree
	(oder 250 g Tomatenmark und 1/4 l Wasser)
2	Knoblauchzehen
1 Eßl.	Kräuter der Provence
4 Eßl.	Olivenöl
•	Salz, Pfeffer, Cayennepfeffer

Hühnerbrustfilets in 2 cm breite Stücke schneiden. Hühnerbruststücke salzen und mit Cayennepfeffer bestreuen.

Danach in einem **Dämpftopf** 5 Minuten lang dämpfen.

In der Zwischenzeit Tomatenpüree in einen **Schmortopf** geben. Pürierten Knoblauch, Kräuter der Provence, 4 Eßl. Olivenöl, Salz und Pfeffer zufügen. Umrühren, leicht erhitzen.

Hühnerbruststücke (die innen noch rosa sind) in den Schmortopf geben. Das Ganze gut umrühren und zugedeckt 5 Minuten sehr sachte schmoren. Vor dem Servieren abschmecken.

TIP:

Auf jede Portion etwas Olivenöl geben.

Dieses Gericht läßt sich im voraus zubereiten. Vor dem Servieren im geschlossenen Topf sachte erhitzen.

Empfohlene Beilage: Blattsalat

JUNGE TAUBEN
GEFÜLLT MIT THYMIAN

FÜR 4 PERSONEN

Zubereitungszeit: 20 Minuten
Garzeit: 45 Minuten

ZUTATEN:

4	junge Tauben
4	in dünne Scheiben geschnittene Schalotten
8	in dünne Scheiben geschnittene Knoblauchzehen
1 großer Strauß	frischer Thymian
1 Strauß	Petersilie
1/2 Glas	Cognac (ca. 3 cl)
•	Gänsefett
•	Salz, Pfeffer

Küchenfertige Tauben (gerupft, ausgenommen, ohne Füße und Kopf) mit Innereien (Leber, Muskelmagen, Herz) kaufen (oder statt dessen 200 g Geflügelleber).

Innereien in kleine Stücke schneiden. Innereienstückchen in einer Pfanne in etwas Gänsefett braten. Mit Salz und Pfeffer würzen.

In der gleichen Pfanne Schalotten- und Knoblauchscheiben andünsten. Bei Bedarf etwas Gänsefett zufügen.

Innereien, Schalotten und Knoblauch mit Kochflüssigkeit, Thymian und Petersilie im **Mixer** pürieren.

Die Tauben gleichmäßig damit füllen.

Gefüllte Tauben mit Gänsefett einreiben, salzen und pfeffern. Danach im vorgeheizten Backofen bei 190° C (Stufe 6) 30 bis 35 Minuten braten.

Nach der Hälfte der Bratzeit mit einem kleinen Glas heißen Salzwassers begießen.

Nach Ablauf der Bratzeit die Tauben auf einem Schneidbrett halbieren. Taubenhälften wieder in den **Bräter** legen und mit Cognac flambieren.

Empfohlene Beilagen: Paprikapüree
Rübenpüree (aus weißen Rüben)

KAPAUN MIT BACKPFLAUMEN
UND COGNACSAUCE

FÜR 6–8 PERSONEN

Zubereitungszeit: 30 Minuten
Garzeit: 165 Minuten

ZUTATEN:

1	Kapaun (3,5 kg)
6	Scheiben Bacon
250 g	kleine Speckwürfel
2	in dünne Scheiben geschnittene Zwiebeln
3	Eier
3 Scheiben	geröstetes Schrotbrot
1 Eßl.	Gänsefett
400 ml	flüssige Sahne
30	entsteinte Backpflaumen
100 ml	Cognac
1 Zweig	Estragon
1/2 Teel.	Kräuter der Provence
•	Salz, Pfeffer, Cayennepfeffer
•	Olivenöl
200 ml	Weißwein

Speckwürfel in einer Pfanne so lange rösten, bis genügend Fett ausgebraten ist. Dann die Zwiebelscheiben darin dünsten.

Speckwürfel, Zwiebelscheiben, 200 ml flüssige Sahne, Eier und das zerbröselte Schrotbrot in einer Schüssel vermischen.

Mit Salz, Pfeffer und reichlich Cayennepfeffer würzen. Feingehackten Estragon und Kräuter der Provence zufügen. Alles mit einer Gabel gut vermengen oder nach Belieben im **Mixer** pürieren. Dann den Kapaun damit füllen.

Mit einem spitzen Messer die Haut stellenweise ablösen, die Baconscheiben hineinstecken und um den Kapaun legen.

Gänsefett leicht erhitzen, den Kapaun damit bestreichen.

Danach in eine große **feuerfeste Form** legen und im vorgeheizten Backofen bei 200° C (Stufe 6) 135 Minuten braten.

Fortsetzung ☛

Backpflaumen bei schwacher Hitze 15 Minuten in Weißwein kochen, einweichen lassen. 20 Minuten vor Ende der Bratzeit zum Kapaun geben.

Kapaun aus dem Ofen nehmen, 3/4 des abgetropften Bratfetts abgießen. Danach mit Cognac flambieren und in der Form zerlegen, um die abtropfende Flüssigkeit aufzufangen. Mit 200 ml flüssiger Sahne den Ansatz vom Boden der Form lösen.

Kapaunteile mit Backpflaumen umlegt auf einer vorgewärmten Platte anrichten. Sauce nochmals erhitzen und in eine Saucenschüssel geben. Sofort servieren.

PUTE MIT ÄPFELN

FÜR 8 PERSONEN

Zubereitungszeit: 30 Minuten
Garzeit: 160 Minuten

ZUTATEN:

1	Pute (3,5 kg)
600 g	in dünne Scheiben geschnittene Zwiebeln
1,5 kg	Äpfel (kanadische Renette)
4	in dünne Scheiben geschnittene Knoblauchzehen
6	frische Salbeiblätter
•	Gänsefett
•	Olivenöl
1	Zitrone
•	Salz, Pfeffer, Cayennepfeffer
1 Glas	Apfelwein (100 ml)
200 ml	flüssige Sahne

Zwiebelscheiben in einer Pfanne bei schwacher Hitze in Olivenöl dünsten. Danach Knoblauchscheiben zufügen.

1/3 der Äpfel schälen und vierteln. Die Viertel mit Zitronensaft beträufeln, damit sie sich nicht verfärben. Danach in einer Pfanne in etwas Gänsefett sachte dünsten.

Salbeiblätter fein hacken und mit Zwiebeln, Knoblauch und Äpfeln vermengen. Salz, Pfeffer und Cayennepfeffer zufügen.

Die Pute damit füllen und die Öffnung zunähen. Danach mit Gänsefett einreiben und mit Salz, Pfeffer und Cayennepfeffer würzen. In eine **feuerfeste Form** legen, ein Glas Wasser angießen. Die Pute bei 190° C (Stufe 6) für 135 Minuten in den Backofen schieben, dabei alle 30 Minuten mit abtropfender Flüssigkeit begießen.

30 Minuten vor Ende der Bratzeit den Bratensaft abgießen. Restliche geschälte und geviertelte Äpfel hineingeben und mit 1/4 des Bratensafts beträufeln. Den restlichen Bratensaft für die Sauce zurückbehalten.

Nach Ende der Bratzeit mit Apfelwein den Ansatz vom Boden der Form lösen und mit flüssiger Sahne und zurückbehaltenem Bratensaft zu einer Sauce verrühren.

PUTENEINTOPF

FÜR 6 PERSONEN

Zubereitungszeit: 15 Minuten
Garzeit: 80 Minuten

ZUTATEN:

- Der obere Teil von 5 Putenkeulen
- 3 große Zwiebeln
- 4–5 kleine weiße Rüben
- 250 g grüne Bohnen
- 400 ml Hühnerbrühe
- 3 Eßl. Gänsefett
- 1 Bouquet garni (siehe Seite 95)
- Salz, Pfeffer

Gänsefett in einem **Schmortopf** erhitzen und die in dünne Scheiben geschnittenen Zwiebeln einige Minuten sachte darin dünsten.

In der Zwischenzeit weiße Rüben würfeln und grüne Bohnen in längliche Stücke schneiden. Rübenwürfel und Bohnenstücke in den **Schmortopf** geben und mit den Zwiebeln vermengen. Einige Minuten weiterdünsten.

Putenstücke nebeneinander auf das Gemüse legen. Salzen und pfeffern, Bouquet garni zufügen.

Heiße Hühnerbrühe angießen, zum Kochen bringen. Dann den Deckel auf den Topf legen und das Ganze 1 Stunde schmoren lassen.

Sofort servieren oder nach Belieben abkühlen lassen, um einen Teil des Fetts zu entfernen. Danach wieder in der Hühnerbrühe erhitzen.

PUTENFILETS MIT PORTWEIN

FÜR 4 PERSONEN

Zubereitungszeit: 20 Minuten
Garzeit: 30 Minuten

ZUTATEN:

4	Putenfilets (von jungen Puten)
4	weiße Lauchteile
2	gehackte Schalotten
200 ml	Hühnerbrühe
200 ml	flüssige Sahne
2 Eßl.	Portwein
•	Salz, Pfeffer, Cayennepfeffer
•	Olivenöl

Lauch in dünne Ringe schneiden. Lauchringe und gehackte Schalotten in einem **Schmortopf** bei schwacher Hitze in Olivenöl andünsten, dabei regelmäßig umrühren.

Hühnerbrühe, flüssige Sahne, Portwein, Salz, Pfeffer und Cayennepfeffer zufügen. Im geschlossenen Topf 10 Minuten sachte weiterdünsten.

Putenfilets in den Schmortopf geben und bei mittlerer Hitze 10 Minuten schmoren lassen.

Das Fleisch herausnehmen und auf einer Platte anrichten, warmhalten.

Lauch in einem Sieb abtropfen lassen (die Sauce dabei auffangen) und rings um das Fleisch anordnen.

Sauce einkochen lassen, Putenfilets damit übergießen.

PUTENRAHMSCHNITZEL

FÜR 4 PERSONEN | ZUTATEN:

Zubereitungszeit: 10 Minuten
Garzeit: 20 Minuten

4	Putenschnitzel
100 ml	trockener Weißwein
1 Becher	Joghurt (125 g)
1 Eßl.	Senf
•	Gänsefett
1 Eßl.	frische gehackte Petersilie

Putenschnitzel in einer Pfanne bei mittlerer Hitze in Gänsefett goldbraun braten. Mit Salz und Pfeffer würzen, auf einer Platte warmhalten.

Mit Weißwein den Ansatz vom Boden der Pfanne lösen. Kurz kochen lassen, dann den mit Senf vermischten Joghurt zufügen. Das Ganze einige Minuten leicht erhitzen.

Putenschnitzel mit der Sauce übergießen und mit Petersilie bestreuen.

Empfohlene Beilagen: Spinat
Grüne Bohnen

REBHUHN IN FOLIE GEGART

FÜR 4 PERSONEN

Zubereitungszeit: 20 Minuten
Garzeit: 30 Minuten

ZUTATEN:

4 Rebhühner (gerupft und ausgenommen)
4 Eßl. Gänsefett
• Aluminiumfolie
1 Bund Kresse
• Salz, Pfeffer

Rebhühner der Länge nach halbieren.

Rebhuhnhälften mit Gänsefett einreiben. Salzen und pfeffern.

Jede Rebhuhnhälfte in ein Stück **Aluminiumfolie** einwickeln.

Den Backofen auf 210° C (Stufe 7) vorheizen.

Folienpakete für 30 Minuten in den Backofen schieben.

Rebhuhnhälften auf Tellern anrichten, mit Kresse garnieren.

Empfohlene Beilagen: Gedämpfter Brokkoli
Grüne Bohnen

REBHUHN MIT KOHL

FÜR 4 PERSONEN   ZUTATEN:

Zubereitungszeit: 30 Minuten   2   Rebhühner
Garzeit: 2 Stunden   2   Speckscheiben
                                 1   Weißkohl
                           250 g   Speckwürfel
                                 1   Zwiebel
                                 1   Bouquet garni (siehe Seite 95)
                           200 ml   Hühnerbrühe
                           2 Eßl.   Gänsefett
                                 •   Salz, Pfeffer

Rebhühner mit Speckscheiben umwickeln.

1,5 Liter Salzwasser in einem Topf zum Kochen bringen.

Kohl in Blätter teilen, Blattrippen entfernen, vierteln.

Danach 10 Minuten im kochenden Wasser blanchieren, abtropfen lassen.

Gänsefett in einem großen **Schmortopf** erhitzen. Speckwürfel und geviertelte Zwiebel hineingeben und einige Minuten hellbraun rösten. Mit einem Schaumlöffel herausnehmen, warmhalten.

Rebhühner im gleichen Schmortopf bei mittlerer Hitze rundherum mindestens 15 Minuten goldbraun braten. Salzen und pfeffern.

Rebhühner herausnehmen und den Kohl hineingeben. Mit Salz und Pfeffer würzen. Bouquet garni zufügen, Hühnerbrühe angießen. Das Ganze etwa 15 Minuten sachte kochen lassen.

Den Kohl herausnehmen, das Bouquet garni entfernen.

Die Hälfte der Kohlblätter in eine große **feuerfeste Form** geben. Rebhühner darauflegen und die Speckwürfel darauf verteilen. Mit den restlichen Kohlblättern bedecken und mit der Kochflüssigkeit aus dem **Schmortopf** begießen. Mit **Aluminiumfolie** abdecken.

Das Ganze im vorgeheizten Backofen bei 230° C (Stufe 7) 1 Stunde garen.

RINGELTAUBENRAGOUT

FÜR 4 PERSONEN

Zubereitungszeit: 30 Minuten
Garzeit: 75 Minuten

ZUTATEN:

4	Ringeltauben (oder statt dessen 4 Tauben) mit Leber
1	dicke Scheibe frischer Schweinebauch
3	in dünne Scheiben geschnittene Knoblauchzehen
1 Strauß	Petersilie
1 Glas	Armagnac (7 cl)
1 Glas	Weißwein (100 ml)
200 g	Champignons
3	in dünne Scheiben geschnittene Schalotten
•	Gänsefett
•	Hühnerbrühe
•	Salz, Pfeffer, Olivenöl

2 Eßl. Gänsefett in einem **Schmortopf** erhitzen. Ringeltauben hineingeben und bei schwacher Hitze rundherum 15 Minuten anbraten. Salzen und pfeffern. Danach mit 1/2 Glas Armagnac flambieren, herausnehmen und beiseite stellen.

Nochmals 1 Eßl. Gänsefett in den Schmortopf geben. Schalotten- und Knoblauchscheiben und den in kleine Würfel geschnittenen Schweinebauch sachte darin dünsten. Mit Salz und Pfeffer würzen.

Ein Glas erhitzten Weißwein und 1/2 Liter Hühnerbrühe zugießen. Das Ganze zum Kochen bringen, abkühlen lassen.

Die Leber in einer Pfanne in etwas Gänsefett braten. Danach mit 1 Teel. Armagnac im **Mixer** pürieren. Pürierte Leber in den Schmortopf geben. Das Ganze erneut zum Kochen bringen.

Ringeltauben in vier Teile zerlegen. Ringeltaubenteile in den Schmortopf geben und zuerst 15 Minuten bei zugedecktem Topf, dann 15 Minuten im offenen Topf schmoren.

Fortsetzung ☛

In der Zwischenzeit Champignons in etwas Olivenöl so lange dünsten, bis sie sämtliche Flüssigkeit verloren haben. Danach mit einem Schaumlöffel herausnehmen und mit 1 Eßl. frischem Olivenöl im Mixer pürieren.

Champignonpüree in den Schmortopf geben, damit eine dicke Sauce entsteht. Abschmecken, 5 Minuten kochen lassen. Sofort servieren.

Empfohlene Beilagen: Überbackener Blumenkohl
Gedämpftes Lauchgemüse

TAUBEN MIT GRÜNEN ERBSEN

FÜR 4 PERSONEN   ZUTATEN:

Zubereitungszeit: 20 Minuten
Garzeit: 55 Minuten

4	Tauben (gerupft und ausgenommen)
2	in dünne Scheiben geschnittene Zwiebeln
150 ml	trockener Weißwein
150 ml	Geflügelbrühe
500 g	grüne Erbsen
125 g	roher Schinken (1/2 cm dicke Scheibe)
2 Eßl.	Gänsefett
•	Salz, Pfeffer aus der Mühle, Cayennepfeffer

Schinken in kleine Würfel schneiden.

Tauben innen mit Salz, Pfeffer und Cayennepfeffer bestreuen.

Gänsefett in einem großen **Schmortopf** erhitzen. Zwiebelscheiben 2 bis 3 Minuten darin dünsten. Tauben hineingeben und rundherum goldbraun braten.

Weißwein angießen, Schinkenwürfel zufügen. Danach 10 Minuten bei schwacher Hitze kochen.

Geflügelbrühe in den Schmortopf geben. Das Ganze zugedeckt 20 Minuten sachte schmoren.

Grüne Erbsen zufügen, nochmals im geschlossenen Topf 15 Minuten schmoren.

In einer Schüssel anrichten.

FISCHE UND MEERESFRÜCHTE IM SUD

FÜR 5–6 PERSONEN

Zubereitungszeit: 30 Minuten
Garzeit: 40 Minuten

ZUTATEN:

2 kg	verschiedene Fische (Quappe, Seeaal, Goldbrasse, Seehecht, Seebarbe, Kabeljau...)
12	Scampi
1 kg	Miesmuscheln
4	weiße Lauchteile
1	Selleriestange ohne Blätter
1	Zwiebel
3	Schalotten
3	Knoblauchzehen
1	Bouquet garni (siehe Seite 95)
3 Eßl.	Crème fraîche
•	Olivenöl
•	grobes Salz, Pfefferkörner, Cayennepfeffer

Küchenfertige Fischstücke und Miesmuscheln kaufen.

Selleriestange und Lauch putzen, Zwiebel, Schalotten und Knoblauchzehen schälen. Dann sämtliches Gemüse waschen und kleinschneiden.

3 Eßl. Olivenöl in einem großen **Schmortopf** erhitzen und das kleingeschnittene Gemüse 5 Minuten darin dünsten.

1,5 Liter Wasser angießen, Bouquet garni, grobes Salz, Pfefferkörner und 3 Prisen Cayennepfeffer zufügen. Das Ganze im offenen Topf 15 bis 20 Minuten ziehen lassen.

Zuerst Fischstücke mit fester Haut (Quappe, Seeaal) hineingeben und 5 Minuten pochieren. Dann Fische mit zarter Haut (Merlan, Kabeljau, Goldbrasse, Seebarbe...) zufügen. 2 Minuten später Muscheln und Scampi dazugeben, 3 bis 5 Minuten kochen lassen. Fischstücke und Meeresfrüchte mit einem Schaumlöffel herausnehmen und in einer Schüssel warm stellen.

Das Bouquet garni entfernen, abschmecken. Crème fraîche zufügen, 1 bis 2 Minuten kochen lassen. Über die Fischstücke und Meeresfrüchte gießen.

Sofort servieren.

FORELLEN MIT MANDELN

Siehe Foto vor Seite 129

FÜR 4 PERSONEN

Zubereitungszeit: 10 Minuten
Garzeit: 15 Minuten

ZUTATEN:

4	große Forellen
80 g	Mandelsplitter
2	Zitronen
1 Eßl.	Sherryessig
2 Eßl.	frische gehackte Petersilie
•	Olivenöl
•	Kräuter der Provence
•	Salz, Pfeffer

Küchenfertige Forellen kaufen. Innen mit Kräutern der Provence bestreuen. Salzen und pfeffern.

In einer **antihaftbeschichteten Pfanne** 4 Eßl. Olivenöl leicht erhitzen.

Forellen hineingeben und auf jeder Seite mindestens 6 Minuten braten. Auf eine Platte legen und im Backofen bei 80 / 100° C (Stufe 2 / 3) warmhalten.

In einer anderen Pfanne 1 Eßl. Olivenöl erhitzen und die Mandelsplitter darin hellbraun rösten. Mit Salz und Pfeffer würzen. Sherryessig zufügen.

Mandel-Essig-Mischung über die Forellen geben.

Mit Zitronenhälften servieren.

Empfohlene Beilagen: Zucchini in Olivenöl
Spinat mit Sojasahne

GEGRILLTE LACHSFILETS
MIT TAMARI

FÜR 4 PERSONEN   ZUTATEN:

Zubereitungszeit: 10 Minuten   800 g Lachsfilet
Garzeit: 10 Minuten   1 Zitrone
                                       • Olivenöl
                                       • Tamari (dicke Sojasauce)
                                       • feines Salz
                                       • Pfeffer, Kräuter der Provence

Lachsfilets in gleichgroße Stücke schneiden. Lachsstücke mit Olivenöl bestreichen, salzen und pfeffern.

Den Backofen vorheizen.

Lachsstücke mit der Hautseite nach oben in eine **feuerfeste Form** legen. Leicht mit Kräutern der Provence bestreuen.

Im Backofen 10 Minuten grillen.

In der Zwischenzeit aus je einem Drittel Zitronensaft, Olivenöl, Tamari und je einer Prise Salz und Pfeffer eine Sauce anrühren.

Lachsstücke auf Tellern anrichten. Mit Petersilie bestreuen und mit der Sauce begießen (zuvor gut umrühren).

Empfohlene Beilagen: Gedämpfter Brokkoli mit etwas Olivenöl
                          Gedämpftes Lauchgemüse mit etwas Olivenöl

GEGRILLTER SEEWOLF MIT FENCHEL
UND FLAMBIERT MIT PASTIS

FÜR 4–5 PERSONEN   ZUTATEN:

Zubereitungszeit: 20 Minuten
Garzeit: 40 Minuten

1	großer Seewolf (1,5-2 kg)
•	Fenchelzweige
•	Olivenöl
3	zerdrückte Knoblauchzehen
1/2 Glas	Pastis (Anisschnaps) (ca. 3 cl)
•	Salz, Pfeffer, Cayennepfeffer
3	Zitronen

Küchenfertigen Seewolf (geschuppt und ausgenommen) kaufen.

Eine Marinade aus Olivenöl, zerdrücktem Knoblauch, Salz, Pfeffer und Cayennepfeffer anrühren. Den Fisch innen damit bestreichen und möglichst viele Fenchelzweige hineinlegen.

Auf eine Auffangschale legen, mit Marinade bestreichen und mit Fenchelzweigen bedecken.

Im Backofen 15 bis 20 Minuten grillen. Dann den Fisch auf die andere Seite drehen, wieder mit Marinade bestreichen und mit Fenchelzweigen bedecken. Weitere 15 bis 20 Minuten grillen.

Den Fisch aus dem Ofen nehmen und ohne die gegrillten Fenchelzweige auf einer Platte anrichten.

Vor dem Zerteilen mit Pastis flambieren.

Dazu paßt eine Sauce aus Olivenöl, Zitronensaft, Salz und Pfeffer.

TIP:
Dieses Gericht läßt sich natürlich auch auf einem Holzkohlengrill zubereiten.

Empfohlene Beilagen: Gedünstetes Fenchelgemüse
In Olivenöl gedünstetes Lauchgemüse

GOLDBRASSEN BASKISCHER ART

FÜR 4 PERSONEN   ZUTATEN:

Zubereitungszeit: 20 Minuten

Garzeit: 25 Minuten

2	Goldbrassen (je 600–700 g)
5	Knoblauchzehen
1/2 Glas	Sherryessig (ca. 5 cl)
2	Zitronen
•	Olivenöl
1 Strauß	Petersilie
•	Salz, Pfeffer, Cayennepfeffer

Küchenfertige Goldbrassen (geschuppt und ausgenommen) kaufen.

Mit Petersilie und 2 bis 3 Zitronenscheiben füllen. Mit Salz, Pfeffer und Cayennepfeffer würzen.

Mit Olivenöl bestreichen, in eine **feuerfeste Form** legen und im vorgeheizten Backofen bei 190° C (Stufe 6) 20 Minuten braten. Fische nach der Hälfte der Bratzeit auf die andere Seite drehen.

Goldbrassen einschneiden, um die Mittelgräte zu entfernen. Mit Zitronensaft beträufeln, warmhalten.

Knoblauch in dünne Scheiben schneiden. Knoblauchscheiben bei schwacher Hitze in 3 Eßl. Olivenöl hellbraun rösten. Mit Salz, Pfeffer und Cayennepfeffer würzen. Zuletzt Sherryessig zufügen.

Die Mischung nach 30 Sekunden Kochzeit über die auf vorgewärmten Tellern angerichteten Goldbrassen geben.

Empfohlene Beilagen: Ratatouille
Tomaten provenzalisch

CALAMARES MIT ZWIEBELN

FÜR 5 PERSONEN | ZUTATEN:

Zubereitungszeit: 15 Minuten
Garzeit: 130 Minuten

1 kg	küchenfertige Calamares
500 g	geschälte kleine Zwiebeln
5	große Tomaten
3 Eßl.	Sherryessig
4	gehackte Knoblauchzehen
2	Lorbeerblätter
150 ml	trockener Weißwein
3 Eßl.	Olivenöl
3 Prisen	Zimt
•	Salz, Pfeffer

Calamares in einen mit Wasser gefüllten Topf geben und 30 Minuten kochen.

Abtropfen lassen.

Tomaten 1 Minute in kochendes Wasser legen, abziehen, halbieren und ent-kernen. Das Fruchtfleisch in grobe Würfel schneiden.

3 Eßl. Olivenöl in einem **Schmortopf** erhitzen.

Calamaresstücke hineingeben und bei schwacher Hitze mindestens 10 Minu-ten dünsten. Gehackten Knoblauch zufügen. Weitere 1 bis 2 Minuten dünsten, dabei gut umrühren.

Dann Sherryessig, Tomatenwürfel, Lorbeerblätter, Weißwein, Salz, Pfeffer und Zimt in den Schmortopf geben. Das Ganze 30 Minuten sachte kochen lassen. Zwiebeln zufügen, zugedeckt eine gute Stunde schmoren.

LACHS IN SALZKRUSTE

FÜR 4 PERSONEN   ZUTATEN:

Zubereitungszeit: 10 Minuten

Garzeit: 40 Minuten

1	frischer Lachs (1,2 kg)
2 kg	grobes Salz
•	Saft von drei Zitronen
100 ml	Olivenöl
•	Salz, Pfeffer

Küchenfertigen Lachs (geschuppt und ausgenommen) mit Kopf kaufen.

Den Lachs auf eine Auffangschale (oder eine ausreichend große Platte) legen und mit einer mindestens 1 cm dicken Salzschicht bedecken (außer eventuell am Schwanzende).

Danach im vorgeheizten Backofen bei 250° C (Stufe 8) 40 Minuten garen.

Die Salzkruste mit einem großen Messer aufschneiden und mitsamt der daran haftenden Haut abheben.

In einer Schüssel eine Sauce aus Olivenöl und Zitronensaft anrühren. Salz und Pfeffer zufügen.

Empfohlene Beilagen: Chicorée mit Sahne
                             Gedämpftes Lauchgemüse
                             Brokkoli

QUAPPE AUF AMERIKANISCHE ART

FÜR 4 PERSONEN   ZUTATEN:

Zubereitungszeit: 20 Minuten

Garzeit: 40 Minuten

1,5 kg	Quappenfilet
1/2 l	Weißwein
2 Eßl.	Tomatenmark
4	in dünne Scheiben geschnittene Schalotten
2	in dünne Scheiben geschnittene Knoblauchzehen
100 g	zerkleinerte Tomaten (aus der Dose)
•	Olivenöl
•	Salz, Pfeffer aus der Mühle
5 cl	Cognac

Küchenfertige Quappenfilets kaufen und in 5 bis 6 cm lange Stücke schneiden.

Quappenstücke in einer **antihaftbeschichteten Pfanne** bei schwacher Hitze in Olivenöl braten. Salzen und pfeffern. Danach mit Cognac flambieren.

Mit 1 Eßl. Weißwein den Ansatz vom Boden der Pfanne lösen, warmhalten.

Schalotten- und Knoblauchscheiben in einer anderen Pfanne in 2 Eßl. Oliven öl glasig dünsten. Tomatenmark zufügen, unter Rühren einige Minuten bei schwacher Hitze kochen lassen. Weißwein angießen, mit Salz und Pfeffer würzen. Das Ganze mit einem Deckel verschließen und zum Kochen bringen, dann ohne Deckel 10 Minuten sachte kochen lassen.

Abgetropfte Tomatenstücke und den Fisch hineingeben. Nochmals zum Kochen bringen, sofort servieren.

ROTBARBEN MIT ANIS

FÜR 4 PERSONEN

Zubereitungszeit: 15 Minuten
Garzeit: 20 Minuten

ZUTATEN:

4 Rotbarben (geschuppt, ausgenommen
und von den ungenießbaren Teilen befreit)
400 g Fenchel
1 Teel. Aniskörner
• Olivenöl
• Salz, Pfeffer aus der Mühle

Fenchel putzen, gut abtropfen lassen. Danach in Streifen schneiden.

Fenchelstreifen 6 Minuten in kochendem Salzwasser blanchieren. Gut abtropfen lassen.

Die Hälfte des Fenchels in eine **feuerfeste Form** geben, Rotbarben darauflegen und mit dem restlichen Fenchel abdecken. Aniskörner darauf verteilen, mit Olivenöl begießen, salzen und pfeffern.

Das Ganze bei 250° C (Stufe 8) für etwa 12 Minuten in den Backofen schieben.

In der Form servieren.

ROTBARBEN MIT FRISCHER MINZE

FÜR 4 PERSONEN   ZUTATEN:

Zubereitungszeit: 15 Minuten
Garzeit: 15 Minuten

8	Rotbarben (geschuppt und ausgenommen)
100 g	frische gehackte Minzeblätter
6	Knoblauchzehen
5 cl	alter Weinessig
5 cl	Balsamessig
3 Eßl.	Olivenöl
•	Salz, Pfeffer

Den Backofen auf 65° C (Stufe 2) vorheizen.

Rotbarben in einer **antihaftbeschichteten Pfanne** auf jeder Seite 4 Minuten in 2 Eßl. Olivenöl braten. Während des Bratvorgangs salzen und pfeffern.

Danach auf eine Platte (oder auf Teller) legen und im Backofen warmhalten.

Knoblauch in dünne Scheiben schneiden.

Wein- und Balsamessig mit 1 Eßl. Olivenöl in einen Topf geben. Knoblauchscheiben und gehackte Minzeblätter zufügen. Mit Salz und etwas Pfeffer würzen.

Das Ganze zum Kochen bringen, dabei 4 bis 5 Minuten rühren.

Vor dem Servieren über die Rotbarben geben.

Empfohlene Beilagen: Gedünsteter Chicorée
                         Brokkolipüree

ROTBARBENFILETS MIT SAHNESAUCE

FÜR 4 PERSONEN   ZUTATEN:

Zubereitungszeit: 20 Minuten   8 große Rotbarbenfilets
Garzeit: 20 Minuten   • Saft einer Zitrone
                                   3 in dünne Scheiben geschnittene Schalotten
                            1 Glas Weißwein (100 ml)
                            200 ml Crème fraîche
                                   • feines Salz, Pfeffer aus der Mühle
                                   • Olivenöl
                            1 Eßl. frische gehackte Petersilie

Schalottenscheiben in einem Topf bei schwacher Hitze in Olivenöl glasig dünsten. Weißwein angießen, mit Salz und Pfeffer würzen. Danach die Flüssigkeit bei starker Hitze bis auf die Hälfte der ursprünglichen Menge einkochen lassen. Beiseite stellen.

Rotbarbenfilets unter fließendem Wasser waschen, mit **Küchenkrepp** trockentupfen. Danach auf einen großen Teller legen und mit Zitronensaft beträufeln.

In einer **antihaftbeschichteten Pfanne** 2 Eßl. Olivenöl leicht erhitzen.

Rotbarbenfilets hineingeben und auf beiden Seiten braten. Salzen und pfeffern.

In der Zwischenzeit Crème fraîche in den Topf geben. Das Ganze leicht erhitzen, bis eine sämige Sauce entstanden ist, dabei regelmäßig umrühren.

Rotbarbenfilets auf einzelnen Tellern anrichten und mit der Sauce übergießen. Vor dem Servieren mit Petersilie bestreuen.

Empfohlene Beilagen: In Olivenöl gedünstetes Lauchgemüse
Pürierte grüne Bohnen

SEEZUNGENFILETS MIT LACHS – Rezept auf Seite 166

MUSCHELN IN SOJASAHNE – Rezept auf Seite 177

SCAMPISCHWÄNZE IN GRÜNER PFEFFERSAUCE – Rezept auf Seite 179

ARTISCHOCKEN PROVENZALISCH – Rezept auf Seite 182

ROTZUNGEN KRETISCHER ART

FÜR 4 PERSONEN   ZUTATEN:

Zubereitungszeit: 10 Minuten

Garzeit: 10 Minuten

6	Rotzungenfilets
3	in dünne Scheiben geschnittene Zwiebeln
3	Zitronen
4	Lorbeerblätter
2 Zweige	Thymian
1 Glas	Olivenöl (100 ml)
•	Salz, Pfeffer

Aus Olivenöl, Zwiebelscheiben, Saft einer Zitrone, Thymian, Lorbeerblättern, Salz und Pfeffer eine Marinade anrühren.

Rotzungenfilets 20 Minuten darin ziehen lassen.

Marinade in einer Pfanne erhitzen und die Fischfilets auf jeder Seite 5 Minuten darin garen.

Mit einer Sauce aus Zitronensaft und Olivenöl servieren.

Empfohlene Beilage: Gedämpfter Rosenkohl

SCHWERTFISCHSPIESSE

FÜR 4 PERSONEN

Zubereitungszeit: 20 Minuten
Garzeit: 15 Minuten

ZUTATEN:

1 kg küchenfertiger Schwertfisch
4   nicht allzu reife Tomaten
2   Zwiebeln
4   grüne Paprikaschoten
•   Olivenöl
•   Oregano, Salz, Pfeffer
•   Kräuter der Provence

Den Fisch in etwa 2,5 cm große Würfel schneiden.

Tomaten in acht Stücke schneiden.

Mit den Zwiebeln genauso verfahren.

Paprikaschoten halbieren, entkernen und in 2 bis 3 cm große Würfel schneiden.

Paprika-, Tomaten-, Zwiebel- und Fischstücke abwechselnd auf Spieße stecken.

Spieße in eine **feuerfeste Form** legen, mit Olivenöl begießen und mit einigen Kräutern der Provence bestreuen.

Salz, Pfeffer und Oregano zufügen.

Danach mit einem Abstand von 10 cm zur Wärmequelle unter den Grill schieben. Regelmäßig umdrehen, dabei mit abtropfender Flüssigkeit beträufeln.

Empfohlene Beilagen: Ratatouille
Blattsalat

SEEBARSCHFILETS MIT SCHALOTTENSAUCE

FÜR 4 PERSONEN   ZUTATEN:

Zubereitungszeit: 20 Minuten   1 kg   Seebarschfilet (mit Kopf und Gräten)
Garzeit: 55 Minuten   4   Schalotten
                                     2 Eßl.   Olivenöl
                                   200 ml   flüssige Sahne

FÜR DIE FISCHBRÜHE:

                                            Kopf und Mittelgräte
                                        1   Zwiebel
                                        1   Selleriestange
                                        2   Stengel Petersilie
                                        1   Bouquet garni (siehe Seite 95)
                                 1/2 Glas   Weißwein (ca. 5 cl)
                                 1/2 Glas   Rotweinessig (ca. 5 cl)
                                        •   Salz, Pfeffer

Küchenfertige Seebarschfilets kaufen.

Zwiebel, Selleriestange und Petersilie kleinschneiden. Mit dem Bouquet garni in 1,5 Liter Wasser geben und 30 Minuten kochen. Salz und Pfeffer zufügen, Weißwein und Rotweinessig angießen. Durch ein trichterförmiges Sieb passieren.

Fischkopf und Gräten in die passierte Flüssigkeit geben. Zum Kochen bringen, 15 Minuten ziehen lassen. Fischbrühe durch ein Sieb passieren, dann bei schwacher Hitze bis auf die Menge eines Glases einkochen lassen.

Schalotten pürieren, mit dem Olivenöl vermischen.

Fischfilets mit der Hautseite in eine leicht eingeölte **feuerfeste Form** legen. Mit Salz und Pfeffer würzen. Schalottenmischung darauf verteilen. Das Ganze im Backofen 6 bis 7 Minuten grillen (mit einem Abstand von 10 cm zur Wärmequelle).

Eingekochte Fischbrühe mit flüssiger Sahne vermischen, salzen und pfeffern. Die Mischung über die Seebarschfilets gießen, 1 Minute kochen lassen. Seebarschfilets mit der Sauce übergossen servieren.

Empfohlene Beilage: Gedämpfter Brokkoli

SEEHECHT BÄUERLICHER ART

FÜR 4–5 PERSONEN   ZUTATEN:

Zubereitungszeit: 20 Minuten

Garzeit: 70 Minuten

1 Seehecht (etwa 1,5 kg)

1 kg frische grüne Erbsen (oder tiefgefroren)

4 kleine weiße Rüben

10 kleine weiße Zwiebeln

500 g Spargelköpfe

4 Knoblauchzehen

• Olivenöl

• Salz, Pfeffer, Cayennepfeffer

Beim Fischhändler 2,5 cm dicke Seehechtscheiben kaufen.

Spargelköpfe und grüne Erbsen in Wasser garen oder gar dämpfen.

Weiße Rüben und kleine weiße Zwiebeln unter Zugabe von Olivenöl und Salz in etwas Wasser garen (30 bis 40 Minuten).

Den in dünne Scheiben geschnittenen Knoblauch in einer Pfanne bei schwacher Hitze in 2 Eßl. Olivenöl dünsten.

Den Pfanneninhalt (Knoblauch und Öl) in eine **feuerfeste Form** geben.

Seehechtscheiben darauf verteilen, mit Salz, Pfeffer und Cayennepfeffer würzen. Danach im Backofen 5 bis 10 Minuten grillen (mit einem Abstand von 10 cm zur Wärmequelle).

Erbsen, Spargelköpfe, Rüben und Zwiebeln auf einer Platte anrichten. Zuletzt Seehechtscheiben drauflegen.

Vor dem Servieren etwas frisches Olivenöl zufügen.

SEEZUNGEN NORMANNISCHER ART

FÜR 4 PERSONEN   ZUTATEN:

Zubereitungszeit: 15 Minuten
Garzeit: 20 Minuten

6	große Seezungenfilets
1/2 l	Milch
100 g	geschälte Krabben
200 g	Champignons (aus der Dose)
1	Eigelb
200 ml	Crème fraîche
1	Zitrone
•	Salz, Pfeffer

Milch aufkochen, Seezungenfilets 10 Minuten darin pochieren. Danach abtropfen lassen, warm stellen.

Krabben, abgetropfte Champignons, Crème fraîche und Zitronensaft in einem Topf vermengen. Die Mischung 5 Minuten leicht erhitzen.

Vom Herd nehmen, unter kräftigem Rühren Eigelb zufügen. Mit etwas Salz und Pfeffer würzen.

Seezungenfilets damit übergießen.

Empfohlene Beilagen: Spinat
Grüne Bohnen

SEEZUNGENFILETS MIT LACHS

Siehe Foto nach Seite 160

FÜR 4 PERSONEN   ZUTATEN:

Zubereitungszeit: 15 Minuten   4 große Seezungen
Garzeit: 20 Minuten   300 g Lachsfilet
    5 in dünne Scheiben geschnittene Schalotten
    3 Eßl. Crème fraîche
    150 ml trockener Weißwein
    • Saft einer halben Zitrone
    1 Eßl. frische, gehackte Petersilie

Beim Fischhändler küchenfertige Seezungenfilets und in dünne Scheiben geschnittenes Lachsfilet kaufen.

Seezungenfilets mit Lachsscheiben belegen, zusammenrollen und mit **Holzstäbchen** feststecken.

Schalottenscheiben in einer Pfanne einige Minuten in Olivenöl dünsten. Weißwein angießen, mit Salz und Pfeffer würzen. Die Mischung 1 Minute kochen lassen.

Fischrouladen in eine **feuerfeste Form** legen, salzen und pfeffern. Mit der Wein-Schalotten-Mischung begießen.

Im vorgeheizten Backofen bei 190° C (Stufe 6) 12 bis 15 Minuten garen.

Den Fisch aus dem Ofen nehmen und auf einer Platte anrichten, warm stellen.

Crème fraîche und Zitronensaft in die Kochflüssigkeit rühren.

Fischrouladen damit übergießen. Vor dem Servieren mit Petersilie bestreuen.

Empfohlene Beilagen: Brokkoli
Spinat
Grüne Bohnen

SEEZUNGENFILETS MIT SOJASAHNE

FÜR 4 PERSONEN ZUTATEN:

Zubereitungszeit: 20 Minuten
Garzeit: 20 Minuten

4	große Seezungenfilets
•	Saft einer Zitrone
150 g	Champignons
200 ml	Sojasahne
100 g	geschälte Garnelen
1	Eigelb
•	Olivenöl
•	Salz, Pfeffer aus der Mühle
1 Eßl.	frische Petersilie

Seezungenfilets unter fließendem Wasser waschen, mit **Küchenkrepp** trocken-tupfen.

2 Eßl. Olivenöl in einer **antihaftbeschichteten Pfanne** leicht erhitzen. Seezungenfilets hineingeben, mit Zitronensaft beträufeln, salzen und pfeffern. Danach auf beiden Seiten braten.

Champignons waschen und in dünne Scheiben schneiden. Champignonscheiben bei schwacher Hitze in 2 Eßl. Olivenöl dünsten.

Kochflüssigkeit abgießen, mit Eigelb vermengte Sojasahne zufügen. Mit Salz und Pfeffer würzen. Garnelen hineingeben.

Das Ganze unter ständigem Rühren einige Minuten sachte kochen lassen.

Die auf Tellern angerichteten Seezungenfilets damit übergießen. Vor dem Servieren mit Petersilie bestreuen.

Empfohlene Beilagen: Spinat
Grüne Bohnen

STEINBUTT MIT FENCHEL

FÜR 4 PERSONEN   ZUTATEN:

Zubereitungszeit: 25 Minuten
Garzeit: 25 Minuten

4	Steinbuttfilets (800 g)
6	große Tomaten
1 Knolle	Gemüsefenchel
•	Saft von 4 Zitronen
300 ml	Fischbrühe
4	in dünne Scheiben geschnittene Schalotten
1	zerdrückte Knoblauchzehe
50 g	Crème fraîche
•	Olivenöl
•	Salz, Pfeffer, Thymian

Steinbuttfilets unter fließendem Wasser waschen, mit **Küchenkrepp** trocken-tupfen.

Fenchel waschen und in dünne Streifen schneiden.

Tomaten 1 Minute in kochendes Wasser legen, abziehen und die Kerne entfernen. Das Fruchtfleisch in Streifen schneiden.

Zitronensaft und Fischbrühe in einem mittelgroßen Topf erhitzen. Salz, Pfeffer und Thymian zufügen. Steinbuttfilets 7 Minuten darin pochieren. Herausnehmen und warm stellen.

Pochierflüssigkeit bis auf 3/4 der ursprünglichen Menge einkochen lassen, dann Crème fraîche hinzufügen.

In der Zwischenzeit Fenchelstreifen, zerdrückten Knoblauch und Schalottenscheiben in einem Topf bei schwacher Hitze in Olivenöl dünsten.

Mit einem Deckel verschließen und einige Minuten schmoren lassen. Kurz vor Ende der Schmorzeit Tomatenstreifen zufügen.

Das Gemüse auf einer Platte anrichten. Fischfilets dazulegen und mit der Sauce übergießen.

STEINBUTT MIT SAUERAMPFER

FÜR 4 PERSONEN

Zubereitungszeit: 20 Minuten
Garzeit: 40 Minuten

ZUTATEN:

4	Steinbuttfilets
100 g	Sauerampfer
100 g	Crème fraîche
1/4 l	trockener Weißwein
1/4 l	Fischbrühe
2	Eigelb
2	zerkrümelte Lorbeerblätter
•	Olivenöl
•	Salz, Pfeffer

Steinbuttfilets unter fließendem Wasser waschen, mit **Küchenkrepp** trocken-tupfen.

Eine Form mit Olivenöl ausstreichen und die Fischfilets hineinlegen. Salz, Pfeffer und zerkrümelte Lorbeerblätter zufügen. Weißwein angießen.

Das Ganze im vorgeheizten Backofen bei 190° C (Stufe 6) 20 Minuten garen. Danach warmhalten.

In der Zwischenzeit die schönsten Sauerampferblätter zurückbehalten und die harten Stengel entfernen. Den geputzten Sauerampfer in einer Pfanne bei schwacher Hitze 3 Minuten in etwas Olivenöl dünsten.

Fischbrühe bis auf die Hälfte der ursprünglichen Menge einkochen lassen. Eingekochte Fischbrühe, Crème fraîche und Eigelb im **Wasserbad** so lange rühren, bis eine gebundene Sauce entstanden ist.

Sauerampfer auf einer Platte anrichten. Steinbuttfilets dazulegen und mit der Sauce übergießen.

STOCKFISCH PROVENZALISCH

FÜR 4 PERSONEN   ZUTATEN:

Zubereitungszeit: 10 Minuten
Garzeit: 50 Minuten

600 g	gesalzener Stockfisch
4	in dünne Scheiben geschnittene Schalotten
2	Knoblauchzehen in dünne Scheiben geschnitten
1/4 l	trockener Weißwein
1/4 l	Fischbrühe
2 Eßl.	Tomatenmark
1 Zweig	Thymian
1 Eßl.	frische gehackte Petersilie
1 Eßl.	frisches gehacktes Basilikum
150 g	entsteinte grüne Oliven
2	Lorbeerblätter
•	Salz, Pfeffer aus der Mühle

Den Stockfisch 24 Stunden in Wasser einweichen, das Wasser alle 6 Stunden wechseln.

Schalotten- und Knoblauchscheiben in einer Pfanne in Olivenöl dünsten. Tomatenmark hineinrühren, Weißwein angießen. Danach Fischbrühe, Thymian, Petersilie, Basilikum und Lorbeerblätter zufügen. Das Ganze zum Kochen bringen, dann 20 Minuten sachte kochen lassen.

Den abgetropften Fisch in vier Stücke schneiden. Fischstücke in einer **antihaftbeschichteten Pfanne** bei schwacher Hitze in Olivenöl braten.

Sobald die Sauce bis auf die Hälfte der ursprünglichen Menge eingekocht ist, Pfeffer zufügen.

Den Fisch einige Minuten in der Sauce aufwärmen.

Sehr heiß servieren.

Empfohlene Beilagen: Gedämpftes Lauchgemüse
Grüne Bohnen

THUNFISCH IN KNOBLAUCHMARINADE

FÜR 4 PERSONEN

Zubereitungszeit: 15 Minuten
Garzeit: 20 Minuten

ZUTATEN:

2 große, dicke Scheiben frischer Thunfisch (insgesamt 800 g)
4 Knoblauchzehen
• Olivenöl
• Sherryessig
• Salz, Pfeffer

Thunfischscheiben in einer **antihaftbeschichteten Pfanne** bei schwacher Hitze auf jeder Seite 4 bis 5 Minuten in 2–3 Eßl. Olivenöl braten. Salzen und pfeffern. Danach im Backofen bei 65° C (Stufe 2) warmhalten.

Bratfett abgießen und mit 3 Eßl. Sherryessig den Ansatz vom Boden der Pfanne lösen. Beiseite stellen.

In einer anderen Pfanne den in dünne Scheiben geschnittenen Knoblauch in 2 Eßl. Olivenöl dünsten. Mit Salz würzen.

Die Essigmischung in die zweite Pfanne geben. Das Ganze kurz erhitzen, über die Thunfischscheiben gießen.

Empfohlene Beilagen: Auberginenauflauf
Gedämpfter Blumenkohl

THUNFISCH-TATAR

FÜR 4 PERSONEN   ZUTATEN:

Zubereitungszeit: 20 Minuten   1 kg   sehr frischer Thunfisch
Keine Garzeit   4   feingehackte Schalotten
                        2   Zitronen
              1 Bund   frischer Koriander
              3 Eßl.   Olivenöl
              2 Eßl.   frisch gehackte Petersilie
              1 Eßl.   feingehackter Schnittlauch
                 •   Salz, Pfeffer, Cayennepfeffer

Den Thunfisch von der Haut und sämtlichen Gräten befreien.

Das Fleisch in kleine Würfel schneiden (1/2 cm dick).

Mit Salz, Pfeffer und Cayennepfeffer sehr pikant würzen.

Olivenöl untermischen.

Gehackte Schalotten, Petersilie und Schnittlauch zufügen.

1 bis 2 Stunden in den Kühlschrank stellen.

Mit Blattsalat servieren. Vor dem Verzehr mit Zitronensaft beträufeln.

THUNFISCH-TOMATEN-CREME

FÜR 4 PERSONEN   ZUTATEN:

Zubereitungszeit: 15 Minuten
Garzeit: 45 Minuten

500 g	Thunfisch in Wasser
500 g	Tomatenpüree
3	Eigelb und
1	Ei
5	zerdrückte Knoblauchzehen
3 EßI.	gehackte Petersilie
200 ml	flüssige Sahne
4 EßI.	Olivenöl
4 EßI.	geriebenen Gruyère

Thunfisch abtropfen lassen.

Abgetropften Thunfisch, zerdrückten Knoblauch, gehackte Petersilie und 4 EßI. Olivenöl im **Mixer** pürieren. Beiseite stellen.

Tomatenpüree im **Wasserbad** erhitzen. Flüssige Sahne und Eier zufügen und so lange rühren, bis die Masse zu binden anfängt.

Mit dem Thunfischpüree vermengen.

Die Mischung in eine **feuerfeste Form** geben und bei 130° C (Stufe 4) für 30 bis 35 Minuten in den Backofen schieben.

Vor dem Servieren mit geriebenem Gruyère bestreuen und einige Minuten unter den Grill schieben.

Empfohlene Beilagen: Blattsalat
                       Chicoréesalat

TINTENFISCHE PROVENZALISCH

FÜR 4–5 PERSONEN

Zubereitungszeit:
15 Minuten
Garzeit: 45 Minuten

ZUTATEN:

1250 g	Tintenfische
400 g	kleiner grüner Gemüsepaprika
6	vollreife Tomaten
5	Knoblauchzehen
•	Olivenöl
•	Salz, Pfeffer, Cayennepfeffer

Küchenfertige Tintenfische kaufen.

Tomaten 1 Minute in kochendes Wasser legen, damit sich die Haut leichter abziehen läßt. Abgezogene Tomaten halbieren und entkernen. Das Fruchtfleisch in grobe Würfel schneiden. Tomatenwürfel in einem Topf in 2 Eßl. Olivenöl sachte einkochen lassen. Mit Salz und Pfeffer würzen, beiseite stellen.

Den Gemüsepaprika bei schwacher Hitze mindestens 20 Minuten in Olivenöl dünsten. Salzen und pfeffern. 5 Minuten vor Ende der Garzeit den in dünne Scheiben geschnittenen Knoblauch hineingeben und hellbraun rösten.

Tintenfische in einer Pfanne in Olivenöl sachte braten. Mit Salz, Pfeffer und Cayennepfeffer würzen.

Paprika-Knoblauch-Mischung und Tintenfische in eine **feuerfeste Form** geben, Tomatenpüree hinzufügen. Alles gut miteinander vermengen und im Backofen bei 70° C (Stufe 2) 15 Minuten schmoren.

Auf vorgewärmten Tellern servieren.

HUMMER „MARTINIQUE"

FÜR 4 PERSONEN ZUTATEN:

Zubereitungszeit: 10 Minuten
Garzeit: 25 Minuten

2	Hummer (je 500–700 g)
1,5 kg	Tomaten
12	in dünne Scheiben geschnittene Knoblauchzehen
4 EBl.	Olivenöl
2 EBl.	frische gehackte Petersilie
1/2 Glas	Rum (ca. 3 cl)
•	Salz, Pfeffer

Tomaten 1 Minute in kochendes Wasser legen, abziehen und die Kerne entfernen.

Olivenöl in einem **Schmortopf** erhitzen. Hummer hineingeben und etwa 10 Minuten braten, dabei regelmäßig umdrehen.

Rum angießen und die Hummer flambieren.

Zuerst Knoblauchscheiben hineingeben, 2 Minuten später Tomaten und Petersilie zufügen. Die Hitze drosseln und das Ganze zugedeckt 15 Minuten sachte schmoren.

Empfohlene Beilagen: Gemüsespieße provenzalischer Art
Tomatenauflauf

JAKOBSMUSCHELN
MIT SCHALOTTEN UND SOJASAHNE

FÜR 4 PERSONEN

Zubereitungszeit: 5 Minuten
Garzeit: 10 Minuten

ZUTATEN:

16	Jakobsmuscheln
8	in dünne Scheiben geschnittene Schalotten
150 ml	Weißwein
4 Eßl.	Olivenöl
200 ml	Sojasahne
2 Teel.	Kräuter der Provence
•	Salz, Pfeffer, Cayennepfeffer

Olivenöl in einem Topf leicht erhitzen.

Schalottenscheiben hineingeben und unter Rühren in 5 Minuten glasig dünsten. Mit Salz, Pfeffer, Cayennepfeffer und Kräutern der Provence würzen.

Jakobsmuscheln zufügen und bei mittlerer Hitze auf jeder Seite 1 Minute braten. Nach und nach den Wein angießen. Das Ganze umrühren und bei schwacher Hitze 1 Minute kochen lassen.

Sojasahne hineingeben, nochmals 1 Minute sachte kochen lassen.

In vorgewärmte tiefe Teller füllen.

Empfohlene Beilagen: Gedämpftes Lauchgemüse
Brokkoli
Grüne Bohnen extra-fein

MUSCHELN IN SOJASAHNE

Siehe 2. Foto nach Seite 160

FÜR 4 PERSONEN	ZUTATEN:

Zubereitungszeit: 10 Minuten

Garzeit: 20 Minuten

2 kg	geputzte Miesmuscheln
6	Schalotten
200 ml	trockener Weißwein
400 ml	Sojasahne
•	Olivenöl
•	grobes Salz, Pfeffer
•	Kräuter der Provence

Schalotten kleinschneiden. Schalottenstückchen in einem großen Topf in 3 Eßl. Olivenöl dünsten. Pfeffern, mit einem Holzlöffel umrühren.

Weißwein angießen, je 1 Teel. grobes Salz und Kräuter der Provence zufügen. Das Ganze zum Kochen bringen und bei mittlerer Hitze 2 Minuten kochen lassen.

Muscheln in den Topf geben und zugedeckt bei starker Hitze 6 bis 12 Minuten kochen, um sie zum Öffnen zu bringen. Regelmäßig umrühren.

Die Hitze drosseln, Sojasahne hineinrühren. Danach den Deckel auf den Topf legen und das Ganze weitere 1 bis 2 Minuten kochen.

In tiefe Teller schöpfen.

POCHIERTE AUSTERN AUF LAUCH

FÜR 4 PERSONEN

Zubereitungszeit:
20 Minuten
Garzeit: 25 Minuten

ZUTATEN:

2 Dutzend	mittelgroße Austern
3	weiße Lauchteile
3 EßI.	Crème fraîche
3	in dünne Scheiben geschnittene Schalotten
1 Glas	trockener Weißwein (100 ml)
	Olivenöl

Schalottenscheiben in einem mittelgroßen Topf in 1 Eßl. Olivenöl dünsten. Weißwein angießen, mit Salz und Pfeffer würzen. Danach die Flüssigkeit auf 2/3 der ursprünglichen Menge einkochen lassen, beiseite stellen.

Lauch putzen und in schmale Streifen schneiden. Lauchstreifen in einem Topf bei schwacher Hitze in Olivenöl dünsten. Salz zufügen. Danach mit einem Deckel verschließen, warm stellen.

Austern öffnen und das Fleisch aus den Schalen lösen. Die Hälfte der Austernflüssigkeit in die Wein-Schalotten-Mischung geben. Das Ganze erhitzen und die Austern 2 Minuten darin pochieren. Danach mit einem Schaumlöffel herausnehmen und warmhalten.

Die Pochierflüssigkeit bis auf 1/4 der ursprünglichen Menge einkochen lassen, dann Crème fraîche zufügen. Mit Pfeffer würzen. Danach bei schwacher Hitze einkochen lassen.

Lauch auf Tellern anrichten. Heiße Austern darauflegen und mit der Sauce übergießen.

SCAMPISCHWÄNZE
IN GRÜNER PFEFFERSAUCE

Siehe 3. Foto nach Seite 160

FÜR 4 PERSONEN

ZUTATEN:

Zubereitungszeit: 25 Minuten
Garzeit: 20 Minuten

1/4 kg	Scampi
3	in dünne Scheiben geschnittene Schalotten
200 ml	trockener Weißwein
50 g	Crème fraîche
•	Olivenöl
2 Eßl.	grüner Pfeffer

Schalottenscheiben in einem Topf in 1 Eßl. Olivenöl hellbraun rösten.

Weißwein angießen, 2 Minuten sachte kochen lassen.

Scampi hineingeben, bei starker Hitze 5 Minuten kochen. Danach herausnehmen und auf eine Platte legen. Beiseite stellen.

Grünen Pfeffer zufügen, dann die Kochflüssigkeit auf die Hälfte der ursprünglichen Menge einkochen lassen.

Crème fraîche hineinrühren, weitere 2 Minuten kochen. Danach warm stellen.

Scampischwänze auslösen und in die Sauce geben. Vor dem Servieren 2 bis 3 Minuten erhitzen. Auf tiefen Tellern anrichten.

Empfohlene Beilagen: Lauchauflauf
Artischocken provenzalisch

GEMÜSE & BEILAGEN

Bei der Zubereitung einer Mahlzeit stellt sich oft das Problem, welche Beilage dazu gereicht werden soll, so daß fast immer das gleiche auf den Tisch kommt. Die nachfolgend aufgeführten Arten von Gemüse und Hülsenfrüchten sollen Ihnen die Zusammenstellung der Gerichte (einfache oder etwas aufwendigere) erleichtern.

Diese Beilagen können Sie entweder auf herkömmliche Art oder nach den in diesem Buch enthaltenen, etwas aufwendigeren Rezeptvorschlägen zubereiten.

Äpfel (Obst)	Knollensellerie	Schwarzwurzeln
Artischocken	Lauch	Spargel
Auberginen	Linsen	Spinat
Blumenkohl	Oliven	Weiße Bohnen
Brokkoli	Paprikaschoten	Weiße Bohnenkerne
Chicorée	Pilze	Weiße Rüben
Fenchel	Rosenkohl	Zucchini
Grüne Bohnen	Rote Bohnen	Zuckererbsen
Erbsen	Salat	Zwiebeln
Kichererbsen	Saubohnen	
Kohl	Tomaten	

Aufwendige Beilagen

Aufläufe	Pürees
Auberginen	Blumenkohl
Blumenkohl	Brokkoli
Chicorée	Erbsen
Lauch	Kichererbsen
Pilze	Linsen
Tomaten	Paprikaschoten
Zucchini	Pilze
Zwiebeln	Sellerie
	Trockenbohnen
	Weiße Rüben
	Zwiebeln

Die Aufläufe können auch als Vorspeise oder als Hauptgericht, z. B. mit einem Salat, serviert werden.

ARTISCHOCKEN PROVENZALISCH

Siehe Foto vor Seite 161

FÜR 4 PERSONEN

Zubereitungszeit: 15 Minuten
Garzeit: 2 Stunden

ZUTATEN:

8 violettgrüne Artischocken
3 in dünne Scheiben geschnittene Zwiebeln
3 zerdrückte Knoblauchzehen
3 Eßl. Olivenöl
1 Zweig Thymian
3 Lorbeerblätter
• Salz, Pfeffer

Die harten Blätter der Artischocken entfernen, die restlichen Blätter dicht über dem Herzen abschneiden. Geputzte Artischocken 30 Minuten in Salzwasser kochen. Das Kochwasser beiseite stellen.

Olivenöl in einem **Schmortopf** erhitzen und die Zwiebelscheiben bei schwacher Hitze darin dünsten. Kurz bevor sie glasig werden, den zerdrückten Knoblauch zufügen. Mit Salz und Pfeffer würzen.

Artischocken, Thymian und Lorbeerblätter hineingeben. Das beiseite gestellte, heiße Kochwasser zugießen. Das Ganze 90 Minuten sachte kochen lassen.

AUBERGINENAUFLAUF MIT TOMATENPÜREE

FÜR 4–5 PERSONEN

Zubereitungszeit: 20 Minuten
Garzeit: 55 Minuten

ZUTATEN:

1 kg	Auberginen
500 g	Tomatenpüree
4	Knoblauchzehen
200 g	geriebener Gruyère
200 g	Mozzarella
•	Olivenöl
•	Kräuter der Provence
•	Salz, Pfeffer
2 Eßl.	frisches, gehacktes Basilikum

Auberginen in 1 cm dicke Scheiben schneiden. Auberginenscheiben in einem **Dämpftopf** 15 bis 20 Minuten lang dämpfen. Danach kurz abtropfen lassen.

Tomatenpüree, zerdrückte Knoblauchzehen, 1 Eßl. Kräuter der Provence, 2 Eßl. Olivenöl und 2 Eßl. frisches, gehacktes Basilikum miteinander vermengen.

Eine **feuerfeste Form** mit Olivenöl ausstreichen, schichtweise abwechselnd Auberginenscheiben, Tomatenpüree und geriebenen Gruyère hineingeben.

Bei der letzten Käseschicht den Gruyère durch 5 mm dicke Mozzarellascheiben ersetzen. Kräuter der Provence aufstreuen.

Das Ganze im vorgeheizten Backofen bei 160° C (Stufe 5) 35 Minuten backen. Heiß, warm oder kalt servieren.

 TIP:
Dieses Gericht kann ebenso als Vorspeise wie als Hauptgericht serviert werden.

BANDNUDELN MIT BASILIKUMSAUCE

FÜR 4–5 PERSONEN

Zubereitungszeit: 15 Minuten
Garzeit: 15 Minuten

ZUTATEN:

500 g Vollkornbandnudeln
4 in dünne Scheiben geschnittene Knoblauchzehen
250 g geriebener Parmesan
15 Basilikumblätter
7 Eßl. Olivenöl
75 g Pinienkerne
• Salz, Pfeffer

Wasser zum Kochen bringen, etwas Salz und 1/2 Eßl. Olivenöl zufügen. Die Bandnudeln 12 Minuten darin kochen.

In der Zwischenzeit Knoblauchscheiben und gehackte Basilikumblätter im Mörser zerstampfen. Unter ständigem Rühren mit einem Holzlöffel das Olivenöl nach und nach dazugeben. Dann den geriebenen Parmesan zufügen. Leicht salzen und pfeffern.

Bandnudeln abtropfen lassen und auf Tellern anrichten.

Mit der Sauce übergießen, Pinienkerne darauf verteilen.

BROKKOLIPÜREE MIT SOJASAHNE

FÜR 4 PERSONEN   ZUTATEN:

Zubereitungszeit: 5 Minuten   800 g Brokkoli
Garzeit: 25 Minuten   200 ml Sojasahne
     • Salz, Pfeffer

Brokkoli in einem **Dämpftopf** in 25 Minuten gar dämpfen.

Danach in einer Schüssel mit Sojasahne vermengen. Salzen und pfeffern.

Mit einer Gabel zerdrücken oder im **Mixer** pürieren.

CHAMPIGNONS MIT PETERSILIE

FÜR 4 PERSONEN   ZUTATEN:

Zubereitungszeit: 20 Minuten
Garzeit: 15 Minuten

800 g	große Champignons
6	in dünne Scheiben geschnittene Knoblauchzehen
2 Eßl.	gehackte Petersilie
•	Olivenöl
•	Salz, Pfeffer

Die erdigen Stielansätze der Champignons entfernen. Champignons in Wasser waschen, gut abtropfen lassen. Danach in Scheiben schneiden.

3 Eßl. Olivenöl in einer Pfanne leicht erhitzen und die Champignonscheiben darin dünsten. Während des Garens mit einem Holzlöffel gut umrühren.

Kochflüssigkeit abgießen, nochmals 3 Eßl. Olivenöl zufügen. Salzen und pfeffern. Unter Umrühren eine weitere Minute sachte dünsten.

Champignons zur Seite schieben und die Pfanne so neigen, daß sich das Öl in der leeren Pfannenhälfte sammelt. Die mit Petersilie vermengten Knoblauchscheiben darin dünsten. Danach unter die Champignons mischen.

Warm stellen oder sofort servieren.

 TIP:
Dieses Gericht kann auch als Vorspeise serviert werden.

FRISCHE GEFÜLLTE TOMATEN

FÜR 4 PERSONEN   ZUTATEN:

Zubereitungszeit: 20 Minuten   5-6   Tomaten
Keine Garzeit   200 g Thunfisch in Wasser
                                 50 g   Sardellenfilets
                                 50 g   Kapern
                                 50 g   Gewürzgurken
                                 1   Eigelb
                                 1 Teel. Senf
                                 •   Olivenöl
                                 2   Knoblauchzehen
                                 •   Salz, Pfeffer
                                 •   Paprika edelsüß

Knoblauchzehen reiben.

Gewürzgurken sehr fein würfeln.

Aus Eigelb, Senf und Olivenöl eine Mayonnaise zubereiten.

Thunfisch, Sardellenfilets und Kapern im **Mixer** zerkleinern.

Alles zu einer sämigen Masse verrühren. Bei Bedarf etwas Olivenöl zufügen.

Mit Salz, Pfeffer und Paprika würzen.

Tomaten mit einem kleinen Löffel aushöhlen und mit der Masse füllen.

Gefüllte Tomaten auf einer Platte oder auf einzelnen Tellern anrichten. Vor dem Servieren 2 bis 3 Stunden kühl stellen.

GEDÜNSTETER CHICORÉE

FÜR 4 PERSONEN   ZUTATEN:

Zubereitungszeit: 5 Minuten   8 Stauden Chicorée
Garzeit: 70 Minuten   • Olivenöl
                                 • Salz, Pfeffer

Chicoréestauden 50 Minuten in Salzwasser kochen. Abtropfen lassen.

Chicoréestauden halbieren. Die Hälften in einer Pfanne bei schwacher Hitze 10 bis 15 Minuten in Olivenöl dünsten. Mit Salz und Pfeffer würzen.

GEDÜNSTETES FENCHELGEMÜSE

FÜR 4 PERSONEN   ZUTATEN:

Zubereitungszeit: 5 Minuten

Garzeit: 75 Minuten

- 4 Knollen Gemüsefenchel
- Olivenöl
- Salz, Pfeffer

Fenchelknollen 60 Minuten in Salzwasser kochen. Abtropfen lassen.

3 Eßl. Olivenöl in einer Pfanne erhitzen. Fenchelknollen 15 Minuten sachte darin dünsten, dabei regelmäßig umdrehen. Salzen und pfeffern.

GEMÜSESPIESSE PROVENZALISCHER ART

Siehe Foto nach Seite 192

FÜR 4 PERSONEN

Zubereitungszeit: 20 Minuten
Garzeit: 15–20 Minuten

ZUTATEN:

8 kleine, feste Tomaten
4 große Champignons
2 große Zwiebeln
2 rote Paprikaschoten
• Olivenöl
• Salz, Pfeffer
• Kräuter der Provence

Tomaten halbieren, Zwiebeln und Champignons vierteln.

Paprikaschoten halbieren, entstielen und entkernen. Das Fruchtfleisch in 3 cm große Würfel schneiden.

Abwechselnd Tomaten-, Zwiebel-, Paprika- und Champignonstücke auf Spieße stecken, dabei mit einem Tomatenstück abschließen.

Mit Olivenöl begießen und mit Salz, Pfeffer und Kräutern der Provence würzen.

Gemüsespieße auf eine Auffangschale legen und mit einem Abstand von 10 cm zur Wärmequelle unter den Grill schieben.

Während des Grillens regelmäßig drehen, damit sie auf allen Seiten bräunen.

GESCHMORTES LAUCHGEMÜSE

FÜR 4 PERSONEN   ZUTATEN:

Zubereitungszeit: 10 Minuten   1 kg   Lauch
Garzeit: 40 Minuten   •   Olivenöl

Lauchstangen von den Wurzelsträngen befreien und 2 cm oberhalb der weißen Teile abschneiden. Die äußeren Blätter entfernen. Danach in Wasser tauchen, um sie vom Sand zu befreien. Abtropfen lassen.

Die Stangen in 3 cm lange Stücke schneiden.

3 Eßl. Olivenöl in einem Topf erhitzen. Lauchstücke hineingeben, gut umrühren und zugedeckt 35 Minuten sachte schmoren. Regelmäßig umrühren. Mit Salz und Pfeffer würzen.

Den Garzustand überprüfen (das Gemüse sollte sehr zart sein) und bei Bedarf die Garzeit verlängern, dabei den Deckel vom Topf nehmen.

KOHL NACH ALTEM REZEPT

FÜR 5–6 PERSONEN   ZUTATEN:

Zubereitungszeit: 15 Minuten
Garzeit: 140 Minuten

1	großer Kohl (1,5 kg)
250 g	Speckwürfel
2	in dünne Scheiben geschnittene Zwiebeln
1	Bouquet garni (siehe Seite 95)
2 Würfel	Rinderbrühe
•	Gänsefett
•	Salz, Pfeffer

Einen großen Topf mit Salzwasser aufstellen.

Den Kohl von den äußeren Blättern und vom Strunk befreien. Danach vierteln und die dicken Blattrippen entfernen.

Den Kohl in den Topf geben und 20 Minuten kochen. Abtropfen lassen.

1 Eßl. Gänsefett in einem großen **Schmortopf** leicht erhitzen. Speckwürfel darin glasig dünsten, dann Zwiebelscheiben zum Dünsten hineingeben.

Kohl, Bouquet garni und zerkleinerte Brühwürfel zufügen. Soviel Wasser angießen, daß der Topfinhalt bedeckt ist. Leicht salzen und pfeffern.

Das Ganze zugedeckt 2 Stunden sachte schmoren lassen.

In einer Schüssel anrichten, zuvor das Bouquet garni entfernen.

 TIP:

Aus Kochflüssigkeit und übriggebliebenem, püriertem Kohl läßt sich eine Suppe zubereiten.

GEMÜSESPIESSE PROVENZALISCHER ART – Rezept auf Seite 190

QUICHE RUSTIKAL – Rezept auf Seite 194

AVOCADOSALAT MIT PAPRIKASTREIFEN – Rezept auf Seite 208

SPARGELSALAT MIT RÄUCHERLACHS – Rezept auf Seite 219

LAUCHAUFLAUF

FÜR 4 PERSONEN   ZUTATEN:

Zubereitungszeit: 15 Minuten
Garzeit: 70 Minuten

5	große Lauchstangen
300 g	Quark/Frischkäse im Körbchen (zum Abtropfen)
3	Eier und
1	Eigelb
1	zerdrückte Knoblauchzehe mit Ingwer
100 g	geriebener Gruyère
•	Salz, Pfeffer

Den Lauch putzen und ausschließlich die weißen Teile verwenden. Diese in 3 bis 4 cm lange Stücke schneiden. Lauchstücke in einem **Dämpftopf** 20 Minuten lang dämpfen. Danach gut abtropfen lassen.

Eier und Eigelb in einer Schüssel verquirlen, Quark/Frischkäse unterrühren, 50 g geriebenen Gruyère und Knoblauch-Ingwer-Mischung zufügen.

Den Boden einer feuerfesten Form mit Lauch auslegen.

Den Schüsselinhalt hineingeben.

Das Ganze bei 100°C (Stufe 3) für 45 Minuten in den Backofen schieben.

Mit dem restlichen Gruyère bestreuen und einige Minuten unter den Grill schieben, bis der Käse eine goldbraune Kruste gebildet hat.

TIP:
Dieses Gericht kann auch als Vorspeise oder als leichtes Hauptgericht serviert werden.

QUICHE RUSTIKAL

Siehe 2. Foto nach Seite 192

FÜR 4–5 PERSONEN   ZUTATEN:

Zubereitungszeit: 15 Minuten

Garzeit: 70 Minuten

5	Eier
600 g	Lauch
150 g	Speckwürfel
1	große, in dünne Scheiben geschnittene Zwiebel
300 g	leichte Crème fraîche
200 g	geriebener Gouda
•	Olivenöl
•	Salz, Pfeffer
•	Muskatnuß

Den Lauch waschen und nur die weißen und zarten grünen Teile zurückbehalten. Diese in 1 bis 2 cm dicke Ringe schneiden.

Speckwürfel in einer Pfanne bei schwacher Hitze rösten, damit sie möglichst viel Fett verlieren. Danach warm stellen.

2 Eßl. Olivenöl in einem **Schmortopf** erhitzen. Zwiebelscheiben und Lauchringe hineingeben und sachte dünsten. Gut umrühren und zugedeckt 20 Minuten schmoren lassen. Regelmäßig umrühren. Mit Salz und Pfeffer würzen.

Eier mit Crème fraîche in einer Schüssel verquirlen, leicht salzen, pfeffern und etwas frisch geriebenen Muskat zufügen. Dann den geriebenen Käse unterrühren, Speckwürfel und abgetropfte Lauch-Zwiebel-Mischung hineingeben. Gut umrühren.

Die Masse in eine eingeölte **feuerfeste Form** füllen und im vorgeheizten Backofen bei 160° C (Stufe 5) oder im **Wasserbad** 40 Minuten garen.

Lauwarm als Beilage, Vorspeise oder auch mit grünem oder gemischtem Salat servieren.

RATATOUILLE

FÜR 5–6 PERSONEN   ZUTATEN:

Zubereitungszeit: 20 Minuten
Garzeit: 60 Minuten

3	große Auberginen
3	rote Paprikaschoten
1 kg	Tomaten
3	Zucchini
3	Zwiebeln
4	Knoblauchzehen
•	Olivenöl
•	Salz, Pfeffer, Cayennepfeffer
•	Kräuter der Provence

Paprikaschoten halbieren, entstielen und entkernen. Paprikahälften im Backofen grillen, bis die Haut dunkel wird. Danach abkühlen lassen, abziehen und in Streifen schneiden.

Auberginen in grobe Würfel schneiden (zuerst längs, dann quer durchschneiden).

Auberginenwürfel im geschlossenen Topf bei schwacher Hitze etwa 30 Minuten in Olivenöl schmoren. Regelmäßig umrühren.

Zucchini zuerst vierteln, dann in Stücke schneiden. Zucchinistücke in einer Pfanne in Olivenöl dünsten. Regelmäßig umrühren.

Tomaten kleinschneiden. Tomatenstücke im offenen Topf in Olivenöl dünsten, damit sie Flüssigkeit verlieren.

Zwiebeln und Knoblauch in einer anderen Pfanne in Olivenöl sachte dünsten.

Auberginen- und Zucchinistücke mit einem Schaumlöffel herausnehmen und in einen großen Topf geben. Paprikastreifen, Tomaten, Zwiebeln und Knoblauch (mit Kochflüssigkeit) zufügen. 150 ml Olivenöl angießen. Mit Kräutern der Provence, Salz, Pfeffer und einer Messerspitze Cayennepfeffer würzen. Das Ganze gut umrühren und im offenen Topf 15 Minuten sachte kochen lassen.

Heiß oder kalt servieren.

 TIP:
Dieses Gericht schmeckt aufgewärmt noch besser.

ROSENKOHL

FÜR 4 PERSONEN   ZUTATEN:

Zubereitungszeit: 10 Minuten   1 kg   Rosenkohl
Garzeit: 20 Minuten   2   Würfel Rinderbrühe
                        •   Gänsefett
                        •   Pfeffer, Muskat

Rosenkohl schälen und waschen.

In einem Topf 3 bis 4 Liter Wasser zum Kochen bringen. Beide Brühwürfel darin auflösen. Mit Pfeffer würzen.

Rosenkohl in den Topf geben. Sobald das Wasser wieder zu kochen anfängt, die Hitze drosseln und den Rosenkohl bei schwacher Hitze etwa 12 Minuten kochen. Abtropfen lassen.

2 Eßl. Gänsefett in einer Pfanne erhitzen. Den Rosenkohl hineingeben und bei mittlerer Hitze goldbraun braten. In einer vorgewärmten Schüssel servieren.

SCHINKEN MIT ZUCCHINI
UND PARMESAN

FÜR 4 PERSONEN

Zubereitungszeit: 15 Minuten
Garzeit: 20 Minuten

ZUTATEN:

8	Scheiben roher Schinken
4	große Zucchini
4	große Tomaten
100 g	geriebener Parmesan
•	Olivenöl
•	gehackte Petersilie
•	Salz, Pfeffer

Zucchini fein würfeln.

Tomaten 1 Minute in kochendes Wasser legen, abziehen und die Kerne entfernen. Das Fruchtfleisch in Würfel schneiden.

2 Eßl. Olivenöl in einer Pfanne erhitzen. Zucchini- und Tomatenwürfel hineingeben und bei mittlerer Hitze etwa 12 Minuten dünsten, dabei häufig umrühren. Mit Salz und Pfeffer würzen.

Den Parmesan unter Zugabe von 1 Eßl. Olivenöl nach und nach unterrühren. Das Ganze bei schwacher Hitze weitere 5 bis 6 Minuten dunsten, dabei ab und zu umrühren.

Teller mit Schinkenscheiben belegen und die Zucchini-Parmesan-Mischung darauf verteilen. Mit gehackter Petersilie bestreuen.

 TIP:
Mit zwei in Gänsefett gebratenen Spiegeleiern (Landeier) läßt sich aus dieser Beilage ein komplettes Gericht zubereiten.

SELLERIEPÜREE

FÜR 5–6 PERSONEN   ZUTATEN:

Zubereitungszeit: 10 Minuten   2   Sellerieknollen
Garzeit: 75 Minuten   2   Zitronen
                   600 ml   flüssige Sahne
                      •   Salz, Pfeffer
                      •   Muskatnuß

Sellerieknollen schälen, waschen und in grobe Würfel schneiden. Selleriewürfel mit den geviertelten Zitronen eine gute Stunde in Salzwasser kochen.

Das Kochwasser mit den Zitronenvierteln abgießen.

Flüssige Sahne in den Topf geben. Mit Salz, Pfeffer und geriebenem Muskat würzen.

Das Ganze so lange bei schwacher Hitze kochen lassen, bis die Sahne von den Selleriewürfeln aufgenommen worden ist. Danach im **Mixer** pürieren.

Abschmecken.

SPINAT MIT SOJASAHNE

FÜR 4 PERSONEN   ZUTATEN:

Zubereitungszeit: 15 Minuten	2 kg	Spinat
Garzeit: 50 Minuten	2 Eßl.	Gänsefett
	1 Strauß	Petersilie
	200 ml	Sojasahne
	•	Salz, Pfeffer

Spinat waschen und entstielen. Danach abtropfen lassen.

2 Eßl. Gänsefett in einem **Schmortopf** erhitzen. Den Spinat hineingeben und zugedeckt 12 Minuten sachte schmoren. Salz und Petersilie zufügen. Umrühren.

Das Ganze im geschlossenen Topf weitere 30 Minuten schmoren lassen.

Den Spinat im **Mixer** pürieren, Sojasahne zufügen. Bei schwacher Hitze warmhalten, da Sojasahne bei hohen Temperaturen gerinnen kann. Mit Salz und Pfeffer würzen.

TAPENADE

ZUTATEN

FÜR 800 g TAPENADE:

Zubereitungszeit: 10 Minuten	250 g	entsteinte schwarze Oliven
Keine Garzeit	100 g	Sardellenfilets
	100 g	Thunfisch in Olivenöl
	200 g	Kapern
	1 Eßl.	Dijon-Senf
	5 cl	Cognac
	200 ml	Olivenöl
	•	Salz, Pfeffer
	•	Paprika edelsüß

Sämtliche Zutaten im **Mixer** pürieren. Abschmecken.

TIP:

Dieses Gericht läßt sich in einem geschlossenen Behälter im Kühlschrank aufbewahren.

Die Tapenade kann für zahlreiche Zubereitungen oder ganz einfach als Brotaufstrich (Vollkorntoastbrot) verwendet werden.

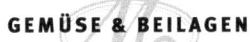
TOMATENAUFLAUF

FÜR 4–5 PERSONEN

Zubereitungszeit:
15 Minuten
Garzeit: 55 Minuten

ZUTATEN:

8–10	Tomaten (je nach Größe)
5	Eier und
1	Eigelb
200 ml	flüssige Sahne
150 g	geriebener Gruyère
100 g	Mozzarella
1 Eßl.	frisches gehacktes Basilikum

Tomaten 1 Minute in kochendes Wasser legen, abziehen und die Kerne entfernen.

Das Fruchtfleisch in kleine Stücke schneiden. Tomatenstückchen eine gute halbe Stunde abtropfen lassen, damit sie möglichst viel Flüssigkeit verlieren.

Flüssige Sahne leicht erhitzen und den geriebenen Gruyère unter ständigem Rühren mit einem Holzlöffel darin auflösen.

Eine **feuerfeste Form** (aus Steinzeug oder Keramik) einölen und die Tomatenstückchen hineingeben.

Eier und Eigelb verquirlen, Käse-Sahne-Mischung und Basilikum unterrühren. Reichlich salzen und pfeffern. Über die Tomatenstückchen gießen.

Das Ganze bei 130° C (Stufe 4) 40 Minuten backen.

Vor dem Servieren mit dem in dünne Scheiben geschnittenen Mozzarella belegen und einige Minuten unter den Grill schieben.

🍴 TIP:
Dieses Gericht kann ebenso als Vorspeise wie als Hauptgericht serviert werden.

ÜBERBACKENE ZWIEBELN

FÜR 5 PERSONEN   ZUTATEN:

Zubereitungszeit: 15 Minuten   600 g in dünne Scheiben geschnittene Zwiebeln
Garzeit: 55 Minuten   150 g Crème fraîche
                                   6   Eier
                                 100 g geriebener Gruyère
                                 100 g Mozzarella
                                   •   Olivenöl
                                   •   Salz, Pfeffer

3 Eßl. Olivenöl in einer großen Pfanne erhitzen. Zwiebelscheiben bei schwacher Hitze darin glasig dünsten, dabei ständig mit einem flachen Rührlöffel umrühren, bis die meiste Flüssigkeit verdampft ist. Mit Salz und Pfeffer würzen.

Eier mit Crème fraîche und geriebenem Käse in einer großen Schüssel verquirlen. Leicht salzen, pfeffern. Die mit einem Schaumlöffel herausgenommenen Zwiebelscheiben (um sämtliche Kochflüssigkeit zu entfernen) zufügen. Alles zu einer homogenen Masse verrühren.

Das Ganze in eine **feuerfeste Form** geben und im Backofen bei 130° C (Stufe 4) 40 Minuten backen.

Den Mozzarella in hauchdünne Scheiben schneiden (1 bis 2 mm dick) und die Oberfläche damit abdecken.

Zum Überbacken unter den Grill schieben.

 TIP:

Dieses Gericht kann heiß, warm oder sogar kalt verzehrt werden. Es läßt sich auch als Vorspeise servieren.

ÜBERBACKENER BLUMENKOHL

FÜR 5 PERSONEN

Zubereitungszeit: 15 Minuten
Garzeit: 40 Minuten

ZUTATEN:

1	großer Blumenkohl (1,2–1,5 kg)
250 g	geriebener Gruyère
400 ml	flüssige Sahne
•	Salz, Pfeffer

Blumenkohl waschen. Die Röschen von den Stielen schneiden.

Blumenkohlröschen in gesalzenem Wasser 25 Minuten kochen. Gut abtropfen lassen.

Geriebenen Gruyère und flüssige Sahne in einer Schüssel vermengen. Reichlich pfeffern.

Eine **feuerfeste Form** einölen und die Röschen hineingeben. Käse-Sahne-Mischung darübergießen.

Das Ganze im vorgeheizten Backofen 10 bis 12 Minuten überbacken.

Sehr heiß in der Form servieren.

TIP:
Dieses Gericht kann ebenso als Vorspeise wie als Hauptgericht serviert werden.

SALATE

SALATVARIATIONEN

Es folgen einige Salatvariationen, die entsprechend den zur Verfügung stehenden Zutaten abgeändert werden können:

Phase I:

- Blattsalat (Kopfsalat, Eisbergsalat, Feldsalat, Kressesalat, Löwenzahnsalat, Endiviensalat, Chicoréesalat ...), einzeln oder gemischt, mit oder ohne Kräuter, aber immer mit einer guten Salatsauce.
- Blattsalat mit warmem Ziegenkäse (**v**)
- Blattsalat, grüne Bohnen und Tomaten (**v**)
- Tomaten, Basilikum und Ziegenkäse (oder Feta) (**v**)
- Avocado, Tomaten, Thunfisch, hartgekochte Eier, Gruyère und Kopfsalat
- Chicoréesalat mit Roquefort oder Walnüssen (**v**)
- Grüne Bohnen und Räucherlachs
- Spinat, Walnüsse und Gruyère (**v**)
- Endiviensalat mit Speckwürfeln
- Gurken und Tomaten (**v**)
- Artischocken und Spargel (**v**)
- Palmherzensalat (**v**)

Phase II:

- Linsensalat mit Schalotten (Schalotten sehr klein schneiden und senfhaltige Salatsauce verwenden) (**v**)
- Kichererbsensalat mit einer Messerspitze Kümmel (**v**)
- Rote Bohnen mit einer Messerspitze Koriander und etwas Olivenöl (**v**)

SALATDRESSINGS

Damit der Salat gut wird, sollte er

- nur aus ganz frischen Zutaten bestehen;
- schmackhaft sein, d.h. genügend Würze besitzen.

Die mit dem Symbol „(**v**)" ausgestatteten Salatvariationen lassen sich mit einer vegetarischen Diät vereinbaren.

Zum Anmachen von Salat verwendet man

- **Salz** (feines Salz ist zu bevorzugen);

- **Essig:**

Bei *Weinessig* ist Rotweinessig vorzuziehen. Jedem ist es möglich, aus Resten von Rot- und Weißwein eigenen Essig herzustellen. Da Essig eine antiseptische Wirkung besitzt, sollte man nicht zögern, auch guten Wein aus einem Glas, aus dem bereits getrunken worden ist, zu verwenden;

Sherryessig wird hauptsächlich für die Herstellung von Bratensaucen verwendet, doch sein ausgeprägter Geschmack verleiht dem Salat eine pikante Note;

Balsamessig besitzt einen besonderen, sehr intensiven Geschmack ·und wird im allgemeinen in Verbindung mit Weinessig verwendet.

- **Senf:**

Es gibt viele Senfsorten, doch für Salatsaucen eignet sich herkömmlicher scharfer Dijon-Senf am besten.

- **Öl:**

Insgesamt sind drei Öle zu empfehlen:

Sonnenblumenöl, das leider raffiniert werden muß (zu starker Geschmack im naturreinen Zustand);

Olivenöl, das immer naturrein und kaltgepreßt (erste Pressung) sein sollte. Als bestes Öl sollte man es bevorzugt verwenden (selbst im Übermaß);

Walnußöl, das sehr wohlriechend ist, verleiht dem Salat einen pikanten Geschmack. Das einzige Problem besteht in der Lagerung: Damit es nicht ranzig wird, muß es im Kühlschrank aufbewahrt werden. Deshalb sollte es nur in kleinen Mengen (1/4 oder 1/2 Liter) gekauft werden.

- **Frische Kräuter:**

Frische Kräuter sind nicht Bedingung, aber immer willkommen. Dazu zählen die klassischen Arten: Petersilie, Estragon, Basilikum, Schnittlauch usw.

- **Gewürze:**

Dazu gehört natürlich Pfeffer. Man kann die Salatsauce aber auch mit einer Prise Curry oder etwas edelsüßem spanischem Paprika verfeinern.

- **Knoblauch und Kräuter der Provence:**

Wer eine Vorliebe für die Düfte der Provence besitzt, kann auf jeden Fall in so geringem Maße davon Gebrauch machen, daß sich der Geschmack entfaltet, ohne daß die Gäste die Ursache dafür entdecken.

HERKÖMMLICHE SALATSAUCE
(in einer Flasche oder einem besonderen Behälter aufzubewahren)

1 Eßl.	scharfer Senf
150 ml	Weinessig
200 ml	Sonnenblumenöl
200 ml	Olivenöl
1 Teel.	Salz
3 Prisen	Pfeffer
1	zerdruckte Knoblauchzehe
1 Teel.	Kräuter der Provence
3 Prisen	edelsüßer spanischer Paprika
1 kleine Prise	Cayennepfeffer
1 Prise	Curry

(Im Unterschied dazu
enthält die **PROVENZALISCHE SALATSAUCE** nur Olivenöl.)

AVOCADOSALAT MIT PAPRIKASTREIFEN

Siehe 3. Foto nach Seite 192

FÜR 4 PERSONEN

Zubereitungszeit: 15 Minuten
Garzeit: 15-20 Minuten

ZUTATEN:

2 vollreife Avocados
2 rote Paprikaschoten
4 Stauden Chicorée
• einige Salatblätter
2 Eßl. gehackte Petersilie
20 schwarze Oliven
• Provenzalische Salatsauce
(siehe Seite 207)
• Zitrone

Paprikaschoten im Backofen grillen oder im **Dämpftopf** dämpfen, damit sich die Haut leichter abziehen läßt. Danach in feine Streifen schneiden.

Avocados halbieren und schälen. Das Fruchtfleisch in dünne Scheiben schneiden und mit Zitronensaft beträufeln, damit es sich nicht verfärbt.

Oliven entsteinen und kleinhacken.

Salatblätter vorbereiten.

Chicoréestauden in 5 mm dicke Ringe schneiden.

Salatblätter, Avocadoscheiben, Chicoréeringe und Paprikastreifen gleichmäßig auf Teller verteilen.

Mit Salatsauce übergießen und mit Petersilie und gehackten Oliven bestreuen.

BOHNENSALAT

FÜR 4 PERSONEN   ZUTATEN:

Zubereitungszeit: 20 Minuten   200 g   rote Bohnen
Garzeit: 90 Minuten   200 g   Champignons
                                  100 g   Sojabohnenkeime
                                     2   rote Paprikaschoten
                              3 Eßl.   gehacktes Basilikum
                              3 Eßl.   gehackte Petersilie
- Provenzalische Salatsauce (siehe Seite 207)
- Walnußöl

Bohnen 12 Stunden in Wasser einweichen. In leicht gesalzenem Wasser in 75 Minuten garen.

Champignons putzen und in dünne Scheiben schneiden. Champignonscheiben mit Zitronensaft beträufeln, damit sie nicht braun werden.

Paprikaschoten im Backofen grillen oder im **Dämpftopf** dämpfen, damit sich die Haut leichter abziehen läßt. Danach in feine Streifen schneiden.

Bohnen, Champignonscheiben, Sojabohnenkeime, Paprikastreifen, Basilikum und Petersilie in eine Schüssel geben oder auf Tellern anrichten.

Die mit etwas Walnußöl verfeinerte Salatsauce darübergießen.

BROKKOLISALAT MIT MANDELN

FÜR 4 PERSONEN   ZUTATEN:

Zubereitungszeit: 15 Minuten
Garzeit: 15 Minuten

500 g	Brokkoli
75 g	Mandeln
2	rote Paprikaschoten
2 EBl.	gehackte Petersilie
•	Provenzalische Salatsauce (siehe Seite 207)

Paprikaschoten im Backofen grillen oder im **Dämpftopf** dämpfen, damit sich die Haut leichter abziehen läßt. Danach in feine Streifen schneiden.

Brokkoli in Röschen teilen. Brokkoliröschen 15 Minuten gar dämpfen. Abkühlen lassen.

Brokkoli auf Tellern anrichten, Mandeln und Paprikastreifen darauf verteilen.

Mit der Salatsauce begießen und mit gehackter Petersilie bestreuen.

CHAMPIGNONSALAT

FÜR 4–5 PERSONEN   ZUTATEN:

Zubereitungszeit: 20 Minuten
Garzeit: 5 Minuten

500 g	Champignons
1	Eigelb
1 Glas	Olivenöl (100 ml)
2	Zitronen
•	Salz, Pfeffer
•	Senf
1 Strauß	Petersilie

Champignons sorgfältig putzen.

In einem großen Topf 1 Liter Wasser zum Kochen bringen. Etwas Salz und den Saft einer Zitrone zufügen. Sobald das Wasser heiß ist, die Champignons hineingeben und 3 bis 4 Minuten garen. Gut abtropfen lassen.

Eine Mayonnaise aus Eigelb, 1 Teel. Senf und Olivenöl anrühren. Mit Salz und Pfeffer würzen. Den restlichen Zitronensaft nach und nach hineinrühren. Danach kühl stellen.

Erkaltete Champignons in dünne Scheiben schneiden. Champignonscheiben in eine Schüssel geben und mit der Mayonnaise vermischen. Mit gehackter Petersilie bestreuen.

FEINSCHMECKERSALAT

FÜR 4 PERSONEN   ZUTATEN:

Zubereitungszeit: 25 Minuten
Garzeit: 55 Minuten

400 g	grüne Bohnen extra-fein
8	ausgelöste Jakobsmuscheln
200 g	Foie gras (Gänse- oder Entenstopfleber)
1 Strauß	Petersilie
•	Salatsauce aus Olivenöl und Balsamessig
•	grobes Salz, Pfeffer

Foie gras in 8 dünne Scheiben schneiden. Die Scheiben auf einen Teller legen, mit **Frischhaltefolie** abdecken und mindestens 1 Stunde in den oberen Teil des Kühlschranks stellen.

Grüne Bohnen bißfest garen.

Wasser mit grobem Salz und Pfeffer in einen Topf geben, Jakobsmuscheln 5 Minuten darin pochieren.

Muschelfleisch in hauchdünne Scheiben schneiden.

Bohnen auf Tellern anrichten und mit Muschelscheiben umlegen. Je 2 Foie gras-Scheiben darauf verteilen.

Mit Petersilie garnieren und mit der Salatsauce begießen.

HÜHNERBRUSTSALAT

FÜR 4 PERSONEN   ZUTATEN:

Zubereitungszeit: 20 Minuten

Garzeit: 20 Minuten

1	kleiner Kopfsalat
4	Selleriestangen
4	Hühnerbrustfilets
4	hartgekochte Eier
24	entsteinte grüne Oliven
24	entsteinte schwarze Oliven
•	Paprika edelsüß
•	Salz, Pfeffer
•	Cayennepfeffer
•	Salatsauce und / oder Mayonnaise
•	Gänsefett

Hühnerbrustfilets bei schwacher Hitze in Gänsefett braten. Mit Salz, Pfeffer und Cayennepfeffer würzen, abkühlen lassen. Danach in 1 bis 2 cm dicke Stücke schneiden.

Salatblätter in Streifen schneiden.

Selleriestangen in kleine Stücke schneiden.

Hartgekochte Eier in Scheiben schneiden. Eierscheiben mit Paprika bestreuen.

Salatstreifen, Hühnerbruststücke, Selleriestückchen, Eierscheiben und Oliven auf Tellern anrichten.

Mit Salatsauce oder Mayonnaise servieren.

KRESSESALAT MIT SPECKWÜRFELN

FÜR 4 PERSONEN   ZUTATEN:

Zubereitungszeit: 15 Minuten   350 g Kresse
Garzeit: 12 Minuten   100 g frischer gesalzener Speck
                   1/2 Glas Sherryessig (ca. 5 cl)
                   • Olivenöl

Den Speck in Würfel schneiden. Speckwürfel in ungesalzenem Wasser 4 Minuten kochen. Danach abtropfen lassen.

Speckwürfel in einer **antihaftbeschichteten Pfanne** bei schwacher Hitze knusprig ausbraten.

Kresse verlesen und waschen. Danach abtropfen lassen und in eine große Schüssel geben.

Ausgebratenes Fett abgießen, mit Sherryessig den Ansatz vom Pfannenboden lösen. Den Pfanneninhalt (Speckwürfel und Flüssigkeit) über die Kresse gießen. Mit etwas Olivenöl beträufeln.

Vor dem Servieren alles miteinander vermengen.

LÖWENZAHNSALAT MIT SPECK UND KÄSE

FÜR 4 PERSONEN   ZUTATEN:

Zubereitungszeit: 20 Minuten

Garzeit: 5 Minuten

300 g	Löwenzahn
200 g	Beaufort
	(Art Emmentaler aus Savoyen)
150 g	geräucherter Speck (Schweinebauch)
2	hartgekochte Eier
1	zerdrückte Knoblauchzehe
12	entsteinte grüne Oliven
•	Salatsauce mit Olivenöl
•	Salz, Pfeffer
•	Walnußöl

Löwenzahn putzen und zwei- bis dreimal waschen. Gut abtropfen lassen.

Geräucherten Speck in Würfel schneiden. Speckwürfel in ungesalzenem Wasser 4 Minuten kochen. Abtropfen lassen und mit **Küchenkrepp** trockentupfen. Danach in einer **antihaftbeschichteten Pfanne** bei schwacher Hitze glasig braten.

Salatsauce anrühren, zerdrückten Knoblauch zufügen.

Käse würfeln, Eier in Scheiben schneiden.

Löwenzahn in eine große Schüssel geben und die noch heißen Speckwürfel darauf verteilen. Dann Käsewürfel und Eierscheiben zufügen. Salatsauce darübergießen. Mit Oliven garnieren und mit etwas Walnußöl beträufeln.

ROTKOHLSALAT MIT WALNÜSSEN

FÜR 5 PERSONEN   ZUTATEN:

Zubereitungszeit: 15 Minuten

Keine Garzeit

1	kleiner Rotkohl
1	Zwiebel
2 Eßl.	Olivenöl
2 Eßl.	Rotweinessig
2 Teel.	Walnußöl
1 Teel.	Senf
50 g	halbreife Walnüsse
•	Salz, Pfeffer

Den Kohl von den äußeren Blättern befreien und in vier Teile schneiden. Die Viertel in sehr schmale Streifen schneiden.

Zwiebel schälen und in sehr dünne Scheiben schneiden, dabei die Ringe voneinander trennen.

Salatsauce aus Olivenöl, Walnußöl, Essig und Senf anrühren. Salz und Pfeffer zufügen.

Den Kohl in eine Schüssel geben und mit der Salatsauce begießen. Halbierte oder geviertelte Walnüsse darauf verteilen.

SAUBOHNENSALAT MIT BACON

FÜR 4 PERSONEN   ZUTATEN:

Zubereitungszeit: 20 Minuten	1,5 kg	frische Saubohnen
Garzeit: 25 Minuten	150 g	Bacon
	1	Zwiebel
	1 Strauß	frische Minze
	150 ml	Olivenöl
	1 Eßl.	Balsamessig
	•	Salz, Pfeffer

Saubohnen enthülsen und in kochendes Salzwasser geben. Im offenen Topf 15 bis 20 Minuten kochen. Abtropfen und abkühlen lassen, danach abziehen.

Zwiebel in dünne Scheiben schneiden.

Etwa zehn Minzeblätter fein hacken.

Baconscheiben vierteln. Baconstücke in einer **antihaftbeschichteten Pfanne** bei schwacher Hitze in etwas Olivenöl rösten. Mit den Zwiebelscheiben genauso verfahren.

Salatsauce aus Olivenöl, Balsamessig, Salz und Pfeffer in einer Schüssel anrühren.

Saubohnen, Baconstücke, Zwiebelscheiben und feingehackte Minze hineingeben.

Auf einzelnen Tellern anrichten, mit den restlichen Minzeblättern garnieren.

SELLERIE MIT AVOCADO-REMOULADENSAUCE

FÜR 4 PERSONEN   ZUTATEN:

Zubereitungszeit: 20 Minuten
Keine Garzeit

1	große Sellerieknolle (etwa 600 g)
1	vollreife Avocado
1 Becher	Vollmilchjoghurt (125 g)
1 Dutzend	schwarze Oliven
1	Zitrone
1 EßI.	scharfer Senf
3 EßI.	Olivenöl
2	Knoblauchzehen
1 EßI.	gemahlene Weizenkeime
1 EßI.	gehackte Petersilie
•	Salz, Pfeffer
•	gemahlener Koriander

Sellerie schälen und in Stücke schneiden. Selleriestücke reiben. Geriebenen Sellerie mit etwas Zitronensaft beträufeln, damit er sich nicht verfärbt.

Schwarze Oliven entsteinen. Knoblauchzehen zerdrücken. Das Fruchtfleisch der Avocado herauslösen.

Avocadofleisch, Joghurt, Senf, Weizenkeime, Olivenöl, Knoblauch, Oliven mit Salz, Pfeffer und einigen Prisen Koriander im **Mixer** zu einer dicken Sauce verarbeiten.

Geriebenen Sellerie mit der Sauce vermischen.

Auf einer Platte oder auf Tellern anrichten. Mit gehackter Petersilie bestreuen.

SPARGELSALAT MIT RÄUCHERLACHS

Siehe Foto vor Seite 193

FÜR 4 PERSONEN

ZUTATEN:

Zubereitungszeit: 20 Minuten
Garzeit: 50 Minuten

800 g	Spargel
200 g	Räucherlachs
4	Zweige Dill
4	Zitronenscheiben
200 ml	flüssige Sahne
1 1/2 Eßl.	scharfer Senf

Spargel waschen, schälen und in gesalzenem Wasser etwa 50 Minuten kochen. Den Garzustand mit einem spitzen Messer überprüfen. Abtropfen lassen, beiseite stellen.

Sahne steif schlagen. Mit Senf und feingehacktem Dill vermischen.

Die grünen Spargelköpfe mit Lachsstücken umwickeln.

Den Spargel V-förmig auf Teller legen, dabei die mit Lachs garnierten Teile nach unten anordnen und mit der Senfsauce übergießen.

Mit restlichem Dill und Zitronenscheiben garnieren.

BUFFETS & COCKTAIL-EMPFÄNGE

Eine der grundlegenden Empfehlungen der Montignac-Methode besteht darin, **niemals** auf nüchternen Magen Alkohol zu trinken. Vor der Flüssigkeitszufuhr sollte deshalb stets etwas verzehrt werden.

Es folgen einige allgemeine Vorschläge, nach denen man sich richten sollte (auch wenn keine Gewichtsprobleme vorliegen).

Phase I:

- Dauerwurstscheiben
- Chorizo
- Röllchen aus gekochtem Schinken
- Röllchen aus Räucherlachs
- Grüne Oliven (**v**)
- Schwarze Oliven (**v**)
- Käsewürfel (**v**)
- Rohes Gemüse (Karotten, Blumenkohl, Stangensellerie, Chicoréeblätter) (**v**)
- Rettich, Tomaten, Kirschen (**v**)
- Chipolata, Blutwurst
- Röllchen aus rohem Schinken

Phase II:

- Backpflaumen mit Bacon
- Cocktailwürstchen
- Schrotbrot-Canapés mit Gänseleber, Räucherlachs, Kaviar oder Gänsepastete

Die mit dem Symbol „(**v**)" ausgestatteten Zutaten lassen sich mit einer vegetarischen Diät vereinbaren.

GURKENCREME MIT FRISCHEM ZIEGENKÄSE

ZUTATEN:

Zubereitungszeit: 10 Minuten	250 g	gut abgetropfter Ziegenkäse
Keine Garzeit	1	Gurke
	2 EßI.	Olivenöl
	1 EßI.	scharfer Senf
	3 EßI.	gehackter Schnittlauch
	•	Salz, Pfeffer

Gurke schälen, halbieren, entkernen und in Würfel schneiden. Gurkenwürfel 30 Minuten abtropfen lassen.

Ziegenkäse, Gurkenwürfel, Olivenöl, Senf, Salz und Pfeffer im **Mixer** zu einer glatten Creme verarbeiten.

Schnittlauch unterrühren. Vor dem Servieren kühl stellen.

PAPRIKA-COCKTAILSAUCE

ZUTATEN:

Zubereitungszeit: 5 Minuten
Keine Garzeit

400 g	Quark / Frischkäse im Körbchen (zum Abtropfen)
2	zerdrückte Knoblauchzehen
1 Strauß	Petersilie
1 Bund	Schnittlauch
1 Bund	Dill
20	entsteinte schwarze Oliven
1/2 Teel.	Paprika
1 Eßl.	Olivenöl
•	Salz, Pfeffer

Gut abgetropften Quark/Frischkäse, pürierten Knoblauch, gehackte Petersilie, feingehackten Schnittlauch und Dill, gehackte Oliven, Paprika und Olivenöl in einer großen Schüssel vermengen. Salzen und pfeffern.

Mindestens 2 Stunden in den Kühlschrank stellen.

Als Sauce zu Rohkost servieren.

ROQUEFORT-COCKTAILSAUCE

ZUTATEN:

Zubereitungszeit: 5 Minuten
Keine Garzeit

100 g Roquefort
2 Becher Naturjoghurt aus Vollmilch
(insgesamt 250 g)
2 Eßl. gehackte Petersilie
• Pfeffer

Den Roquefort mit einer Gabel zerdrücken.

In einer Schüssel mit dem Joghurt vermischen und so lange rühren, bis eine glatte Sauce entstanden ist.

Gehackte Petersilie zufügen.

Mit Pfeffer würzen.

SCHOKOLADENTRÜFFEL – Rezept auf Seite 254

KIRSCHAUFLAUF – Rezept auf Seite 246

SCHINKEN-AVOCADO-CREME

ZUTATEN:

Zubereitungszeit: 5 Minuten
Keine Garzeit

150 g gekochter Schinken (ohne Fett)
50 g roher Schinken (ohne Fett)
2 vollreife Avocados
1 Eßl. Olivenöl
3 Eßl. Crème fraîche
1 Eßl. Cognac
- Saft einer halben Zitrone
- Salz, Pfeffer
- Tabasco

Avocados halbieren und das Fruchtfleisch herauslösen.

Avocadofleisch, in Stücke geschnittenen Schinken, Olivenöl, Zitronensaft, Cognac, Crème fraîche, einige Tropfen Tabasco, Salz und Pfeffer im **Mixer** zu einer glatten Creme verarbeiten.

Vor dem Servieren kühl stellen.

SELLERIEBUTTER MIT ROQUEFORT

ZUTATEN:

Zubereitungszeit: 5 Minuten
Keine Garzeit

150 g	Roquefort
50 g	weiche Butter
1	große Selleriestange
4 Eßl.	Crème fraîche mit 15 % Fettgehalt
3 Teel.	Armagnac
•	Salz, Pfeffer

Selleriestange waschen, von den Blättern und Fasern befreien und in längliche Stücke schneiden.

Selleriestücke mit Butter, Roquefort, Crème fraîche, Armagnac, Salz und Pfeffer im **Mixer** pürieren.

Zu Rohkost reichen oder Chicoréeblätter damit füllen.

THUNFISCHCREME

ZUTATEN:

Zubereitungszeit: 10 Minuten	250 g	Thunfisch in Wasser (aus der Dose)
Keine Garzeit	1	kleine Dose Sardellen in Öl
	150 g	entsteinte grüne Oliven
	4 Eßl.	Olivenöl
	3	zerdrückte Knoblauchzehen
	3 Teel.	Balsamessig
	3 Teel.	scharfer Senf
	1 Eßl.	Crème fraîche
	•	Pfeffer

Thunfisch abtropfen lassen, zerpflücken.

Zerpflückten Thunfisch, Sardellen mit Öl, Oliven, Knoblauch, Essig, Senf, Crème fraîche und Pfeffer im **Mixer** zu einer glatten Creme verarbeiten.

Abschmecken. Vor dem Servieren in den Kühlschrank stellen.

TOMATEN-COCKTAILSAUCE

ZUTATEN:

Zubereitungszeit:	3 Becher	Naturjoghurt aus Vollmilch (insgesamt 375 g)
5 Minuten	3 Eßl.	Tomatenmark
Keine Garzeit	1	zerdrückte Knoblauchzehe
	1 Eßl.	Olivenöl
	2 Teel.	Thymian
	•	Salz, Pfeffer
	•	Cayennepfeffer

Joghurt, Tomatenmark und Olivenöl in einer Schüssel vermischen und so lange rühren, bis eine glatte Sauce entstanden ist.

Knoblauch und Thymian unterrühren.

Mit Salz, Pfeffer und Cayennepfeffer würzen. Vor dem Servieren 2 bis 3 Stunden in den Kühlschrank stellen.

NACHSPEISEN

APFELOMELETT

FÜR 5 PERSONEN	ZUTATEN:
Zubereitungszeit: 25 Minuten	6–7 Äpfel
Garzeit: 20 Minuten	150 g Fruchtzucker
	10 Eier und
	2 Eigelb
	200 ml flüssige Sahne
	• gefrorener Fruchtzucker

Äpfel schälen und in feine Spalten schneiden (16 Spalten pro Apfel).

Eine große **antihaftbeschichtete Pfanne** (Durchmesser 25 cm) mit Öl einfetten.

Apfelspalten auf der gesamten Pfannenfläche verteilen.

Eier in eine Schüssel schlagen. Eigelb, flüssige Sahne und die Hälfte des Fruchtzuckers unterrühren.

Die Pfanne auf den Herd stellen. Apfelspalten mit dem restlichen Fruchtzucker bestreuen und so lange dünsten, bis sie weich und leicht glasig geworden sind.

Dann die Eiermischung zufügen und das Omelett backen.

In der letzten Garphase (wenn 2/3 des Omeletts gebacken sind) die Pfanne unter den Grill schieben, damit die Oberfläche schön braun wird.

Mit gefrorenem Fruchtzucker bestreuen.

APFELSOUFFLÉ
FLAMBIERT MIT CALVADOS

FÜR 5 PERSONEN

Zubereitungszeit: 30 Minuten
Garzeit: 55 Minuten

ZUTATEN:

12	Äpfel
5	Eigelb
5 Eßl.	Fruchtzucker
200 ml	flüssige Sahne
1 Teel.	Vanillearoma
5 cl	Calvados

Äpfel schälen, vierteln und vom Kerngehäuse befreien.

Viertel in eine leicht mit Öl eingefettete **feuerfeste Form** legen und mit 2 Eßl. Fruchtzucker bestreuen.

Bei 230°C (Stufe 7) für 25 Minuten in den Backofen schieben. Danach beiseite stellen.

Eigelb mit 2 Eßl. Fruchtzucker in einer großen Schüssel schaumig schlagen.

Sahne mit 1 Eßl. Fruchtzucker sehr steif schlagen.

Äpfel (zuvor abgetropfte Flüssigkeit abgießen), Eigelbmasse, Schlagsahne und Vanillearoma miteinander vermengen.

Die Mischung in eine feuerfeste Form füllen und im vorgeheizten Backofen bei 120°C (Stufe 3) 35 bis 40 Minuten backen.

Aus dem Ofen nehmen und mit Calvados flambieren.

Sofort servieren oder abkühlen lassen und einige Minuten unter den Grill schieben (2–3 cm Abstand), um die Oberfläche des Soufflés leicht zu bräunen.

APRIKOSENCREME MIT APRIKOSENPÜREE

FÜR 4 PERSONEN   ZUTATEN:

Zubereitungszeit: 20 Minuten   750 g Aprikosen
Garzeit: 15 Minuten   5 Blätter Gelatine
                                          (oder die entsprechende Menge
                                          Agar-Agar)
                                   1/4 l Vollmilch
                                   100 g Fruchtzucker
                                  200 ml flüssige Sahne
                                    5 cl Cognac

Aprikosen halbieren und entsteinen. Aprikosenhälften in einem **Dämpftopf** 10 Minuten lang dämpfen. Beiseite stellen, abkühlen lassen.

Milch zum Kochen bringen, 10 Minuten abkühlen lassen.

Gelatineblätter in kaltem Wasser einweichen, abtropfen lassen und unter Umrühren in der Milch auflösen. 15 Minuten ruhen lassen.

Sahne mit 50 g Fruchtzucker steif schlagen.

Schlagsahne unter Zugabe des Cognacs vorsichtig unter die Milchmasse heben, so daß eine lockere Creme entsteht.

Die Hälfte der Aprikosen in Stücke schneiden, unter die Creme mischen.

Aprikosencreme in Ringe von 8 cm Durchmesser (siehe Seite 21) oder in **Auflaufförmchen** geben und 6 Stunden in den Kühlschrank stellen.

Restliche Aprikosen mit 50 g Fruchtzucker im **Mixer** pürieren, kühl stellen.

Aprikosencreme auf Teller stürzen, ringsherum Aprikosenpüree verteilen.

BIRNEN IN ROTWEIN

FÜR 4 PERSONEN

Zubereitungszeit:
20 Minuten
Garzeit: 20 Minuten

ZUTATEN:

4–6 Birnen (je nach Größe)
1/4 l tanninhaltiger Rotwein
(Bordeaux, Côtes-du-Rhône, Corbières...)
3 Eßl. Fruchtzucker
• Zimt, Muskat
• Pfeffer
• Spanischer Paprika, edelsüß

Birnen schälen, ohne die Stiele zu entfernen. Danach in einen nicht allzu großen Topf geben.

Wein angießen, Fruchtzucker zufügen.

Das Ganze 10 Minuten sprudelnd kochen lassen, dabei den Deckel schräg auf den Topf legen, damit der Wein nicht überläuft.

Den Topf vom Herd nehmen, Birnen umdrehen. Mit 2–3 Prisen Zimt, Pfeffer, Muskat und Paprika würzen.

Weitere 10 Minuten sprudelnd kochen lassen.

Den Garzustand der Birnen mit einem spitzen Messer überprüfen. Die garen Früchte herausnehmen und beiseite stellen.

Die Kochflüssigkeit sirupartig einkochen, dabei regelmäßig rühren, damit sie nicht am Topfboden anhängt.

Birnen in Dessertschalen geben und mit der Rotweinsauce übergießen.

BIRNENGRATIN

FÜR 4 PERSONEN

Zubereitungszeit: 20 Minuten
Garzeit: 35 Minuten

ZUTATEN:

8	große Birnen
100 g	Fruchtzucker
5	Eigelb
•	Saft einer Orange
1 Teel.	Vanillearoma
1 Eßl.	Rum
•	Minzeblätter

Birnen schälen, vierteln und vom Kerngehäuse befreien. Birnenviertel halbieren.

Den Boden einer leicht eingeölten feuerfesten Form mit Birnenstücken auslegen. Mit 25 g Fruchtzucker bestreuen.

Das Ganze 5 bis 10 Minuten unter den Grill schieben, um die Birnen leicht zu bräunen. Danach beiseite stellen.

Eigelb und restlichen Fruchtzucker in einer großen Schüssel mit einem Schneebesen schaumig schlagen.

Orangensaft, Vanillearoma, Rum und abgetropfte Birnenflüssigkeit zufügen.

Die Mischung unter ständigem Rühren im **Wasserbad** erhitzen, bis eine gebundene Creme entstanden ist.

Birnenstücke auf tiefen Tellern anrichten und mit der Creme übergießen. Mit je einem Minzeblatt garniert servieren.

 TIP:

Diese Nachspeise kann mit **Frischhaltefolie** abgedeckt und im Kühlschrank aufbewahrt werden. Dann entweder kühl servieren oder zum Gratinieren kurz unter den Grill schieben.

ERDBEEREN MIT JOGHURT-MINZE-SAUCE

FÜR 4 PERSONEN

Zubereitungszeit: 15 Minuten
Keine Garzeit

ZUTATEN:

750 g	Erdbeeren
3 Becher	Vollmilchjoghurt (insgesamt 375 g)
1 großer Strauß	Minze
2 Eßl.	Erdbeerkonfitüre ohne Zuckerzusatz

Erdbeeren unter fließendem Wasser waschen, entstielen, abtropfen lassen. Danach auf Dessertschalen verteilen.

Minzeblätter fein hacken.

Joghurt, feingehackte Minze und Erdbeerkonfitüre in einer Schüssel gut vermengen. Danach in den Kühlschrank stellen.

Vor dem Servieren über die Erdbeeren geben.

ERDBEEREN MIT ORANGEN-MINZE-SAUCE

FÜR 4 PERSONEN   ZUTATEN:

Zubereitungszeit: 10 Minuten   500 g Erdbeeren
Garzeit: 15 Minuten   3 Orangen
    1/2 Glas Cointreau (ca. 3 cl)
    50 g Fruchtzucker
    12 Minzeblätter

Orangen auspressen.

Orangensaft mit Cointreau, Fruchtzucker und 5 gehackten Minzeblättern in einen Topf geben. Das Ganze erhitzen und bis auf die Hälfte der ursprünglichen Menge einkochen lassen. Danach abkühlen lassen.

Erdbeeren unter fließendem Wasser waschen, abtropfen lassen. Danach entstielen und halbieren.

Erdbeerhälften auf einzelne Teller verteilen.

Mit der Orangen-Minze-Sauce übergießen.

Vor dem Servieren mit Minzeblättern garnieren.

FLAMBIERTE APRIKOSEN MIT EIERMILCHCREME

FÜR 4 PERSONEN   ZUTATEN:

Zubereitungszeit: 15 Minuten   20 große Aprikosen
Garzeit: 20 Minuten   2 Eßl. Fruchtzucker
                              1/2 Glas Rum (ca. 3 cl)
                                    8 Eigelb
                              1 Liter Milch
                               3 Eßl. Fruchtzucker
                                    1 Vanilleschote
                                    • Kakaopulver ohne Zucker

Aprikosen halbieren und entsteinen.

Aprikosenhälften mit der Schnittfläche nach oben in einen **Dämpftopf** legen. Mit Fruchtzucker bestreuen, 10 Minuten lang dämpfen. Danach abtropfen lassen. Mit Rum flambieren, abkühlen lassen. Bis zum Gebrauch in den Kühlschrank stellen.

Milch mit Vanilleschote aufkochen, 10 Minuten abkühlen lassen.

Eigelb verquirlen, unter kräftigem Rühren nach und nach warme Milch zugießen.

Die Mischung erhitzen, bis eine gebundene Creme entstanden ist. Danach einige Minuten abkühlen lassen. Zuletzt Fruchtzucker zufügen.

Die Creme mehrere Stunden in den Kühlschrank stellen.

Je 8 bis 10 Aprikosenhälften auf tiefe Teller verteilen, Creme darübergießen. Etwas Kakaopulver aufstreuen.

FRISCHE MANDELCREME

FÜR 4–5 PERSONEN

Zubereitungszeit: 25 Minuten
Garzeit: 15 Minuten

ZUTATEN:

4	Eier
100 g	frische geschälte Mandeln
1/3 l	flüssige Sahne (sehr kalt)
100 g	Johannisbeeren (abgezupft und gewaschen)
100 g	Fruchtzucker
•	Saft einer halben Zitrone
1 Teel.	Zitronenschale
1 Eßl.	flüssiger Fruchtzucker
•	Minzeblättchen

Eine Schüssel ins **Wasserbad** stellen. Eier hineinschlagen und mit dem Fruchtzucker verquirlen, bis die Masse schaumig aufsteigt und fest wird.

Die Schüssel aus dem Wasserbad nehmen und die Eiercreme unter ständigem Schlagen abkühlen lassen. Zuerst Zitronensaft und flüssigen Fruchtzucker, dann Zitronenschale zufügen. Beiseite stellen.

Mandeln hacken. Gehackte Mandeln in einer **antihaftbeschichteten Pfanne** leicht rösten.

Sahne steif schlagen. Mandelstücke, Johannisbeeren und Eiercreme vorsichtig unterziehen.

Eine **Kranzform** mit **Frischhaltefolie** auslegen. Mandelcreme hineingeben, mit Folie abdecken und 4 Stunden in den Kühlschrank stellen.

Die Creme auf eine Platte stürzen und mit Minzeblättern garnieren.

GERÜHRTE ÄPFEL MIT ZIMT

FÜR 4 PERSONEN   ZUTATEN:

Zubereitungszeit: 30 Minuten

Garzeit: 35 Minuten

8	große Äpfel
3	Eier und
3	Eigelb
4 Eßl.	Fruchtzucker
5 cl	Calvados
150 ml	leichte Crème fraîche
•	gemahlener Zimt

Äpfel schälen, vierteln und vom Kerngehäuse befreien. Die Viertel in einem **Dämpftopf** etwa 20 Minuten lang dämpfen. Danach gut abtropfen lassen.

Eier, Eigelb und Fruchtzucker in einer großen Schüssel verquirlen. Apfelstücke, Calvados, Crème fraîche und etwas Zimt zufügen. So lange weiterschlagen, bis eine homogene Masse entstanden ist.

Das Ganze in eine große **antihaftbeschichtete Pfanne** geben und unter ständigem Rühren bei schwacher Hitze stocken lassen (wie Rührei).

Sobald die Masse zum größten Teil gestockt ist, auf tiefe Teller oder **Auflaufformen** verteilen und mit Zimt bestreuen. Danach 2 bis 3 Stunden in den Kühlschrank stellen.

Kühl servieren. Nach Belieben Schokoladensauce und/oder Schlagsahne dazu reichen.

HIMBEERCREME

FÜR 4-5 PERSONEN

Zubereitungszeit: 20 Minuten
Garzeit: 20 Minuten

ZUTATEN:

250 g	Himbeeren
4	Eigelb
1/2 Liter	Vollmilch
2 EBl.	Fruchtzucker
1	Vanilleschote
4 Blätter	Gelatine
	(oder die entsprechende Menge Agar-Agar)
200 ml	flüssige Sahne

Milch mit gespaltener Vanilleschote aufkochen, 10 Minuten abkühlen lassen.

Eigelb verquirlen, unter kräftigem Rühren nach und nach warme Milch zufügen.

Die Mischung unter ständigem Rühren erhitzen (am besten im **Wasserbad**), bis eine gebundene Creme entstanden ist. Fruchtzucker zufügen.

Gelatineblätter einige Minuten in kaltem Wasser einweichen, ausdrücken und in der noch warmen Creme auflösen. Danach 1 Stunde bei Zimmertemperatur abkühlen lassen.

Sahne steif schlagen und unterziehen, bevor die Creme zu gelieren beginnt.

Mit den Himbeeren in **Auflaufförmchen** füllen.

Himbeercreme mit **Frischhaltefolie** abdecken und mindestens 5 bis 6 Stunden in den Kühlschrank stellen.

Nach Belieben mit Schlagsahnetupfen und aufgestreutem Kakaopulver garnieren.

HIMBEERCREME MIT HIMBEERPÜREE

FÜR 4 PERSONEN   ZUTATEN:

Zubereitungszeit: 20 Minuten   750 g   Himbeeren
Garzeit: 15 Minuten   1   Zitrone
                    3 Eßl.   Fruchtzucker
                  150 g   Quark (im Körbchen)
              150 ml   flüssige Sahne
          5 Blätter   Gelatine
                         (oder die entsprechende Menge
                         Agar-Agar)

Himbeeren pürieren und bei Bedarf durch ein Sieb streichen, um die Kerne zu entfernen.

Zitronensaft und Fruchtzucker zufügen.

Ein Drittel des Himbeerpürees zurückbehalten und kühl stellen.

Gelatine in 2 Eßl. Wasser im **Wasserbad** auflösen und sofort zum restlichen Himbeerpüree geben. Mit abgetropftem Quark und flüssiger Sahne vermischen.

Die Creme in **Auflaufförmchen** geben und 2 Stunden im Kühlschrank fest werden lassen. Dann in Ringe füllen (siehe Seite 21) und nochmals 3 bis 4 Stunden kühl stellen.

Himbeercreme auf Tellern anrichten und ringsherum etwas zurückbehaltenes Himbeerpüree verteilen. Nach Belieben mit je einem Minzeblatt garnieren.

HIMBEERQUARKCREME MIT HIMBEERPÜREE

FÜR 5 PERSONEN   ZUTATEN:

Zubereitungszeit: 20 Minuten
Garzeit: 5 Minuten

250 g	Himbeeren
400 g	Quark (im Körbchen)
300 ml	flüssige Sahne
4 Eßl.	Himbeerkonfitüre ohne Zuckerzusatz
6 Blätter	Gelatine (oder die entsprechende Menge Agar-Agar)
1 Eßl.	Fruchtzucker
1 Eßl.	Rum

Sahne steif schlagen.

Eingeweichte Gelatine im leicht erhitzten Rum auflösen.

Schlagsahne, abgetropften Quark, Rummasse und Himbeerkonfitüre gut miteinander vermengen.

Einige Himbeeren in Ringe (siehe Seite 21) oder **Auflaufförmchen** geben.

Die restlichen Früchte mit 1 Eßl. Fruchtzucker im **Mixer** pürieren.

Himbeerquarkcreme auf Teller stürzen und mit Himbeerpüree übergießen.

KARAMELCREME MIT FRUCHTZUCKER

FÜR 6 PERSONEN   ZUTATEN:

Zubereitungszeit: 15 Minuten   1 Liter Vollmilch
Garzeit: 55 Minuten   6 Eier
                                    1 Vanilleschote
                                150 g Fruchtzucker
                                1 Teel. Cognac

Milch mit gespaltener Vanilleschote aufkochen, abkühlen lassen.

50 g Fruchtzucker mit etwas Wasser in eine Form geben und karamelisieren lassen.

Eier mit 100 g Fruchtzucker in einer Schüssel verquirlen. Mit einem Schneebesen nach und nach warme Milch hineinschlagen. Cognac zufügen.

Die Mischung in die Form geben. Das Ganze im vorgeheizten Backofen bei 200° C (Stufe 6) 45 Minuten im **Wasserbad** garen. Bei Zimmertemperatur abkühlen lassen. Danach mindestens 4 Stunden in den Kühlschrank stellen.

Die Form eine Minute in kochendes Wasser legen und die Creme auf eine Platte stürzen. (Man kann auch einzelne **Auflaufförmchen** verwenden).

KASTANIENCREME IN SCHOKOLADENSAUCE

FÜR 5 PERSONEN

Zubereitungszeit: 20 Minuten
Garzeit: 15 Minuten

ZUTATEN:

1,5 kg	Eßkastanien
200 g	Schokolade mit 70 % Kakaoanteil
100 g	Crème fraîche
3 Eßl.	Fruchtzucker
1/2 l	Milch
1	Vanilleschote
7 cl	Cognac

Kastanien von den Schalen befreien.

Danach 5 Minuten in kochendes Wasser legen, damit sich die Innenhaut leichter abziehen läßt.

Milch mit Vanilleschote erhitzen, Kastanien etwa 30 Minuten sachte darin kochen (bis sie weich sind).

Abtropfen lassen und im **Mixer** zu Püree verarbeiten.

Schokolade mit Cognac im **Wasserbad** schmelzen.

In einer Schüssel Kastanienpüree, geschmolzene Schokolade, Crème fraîche und Fruchtzucker gut miteinander vermengen.

Eine Form mit leicht gefetteter **Aluminiumfolie** auslegen und die Mischung hineingeben. Mit **Frischhaltefolie** abdecken und mindestens 5 Stunden in den Kühlschrank stellen.

Schokoladensauce (aus geschmolzener Schokolade) auf Teller schöpfen und die Creme darauf anrichten.

KATALANISCHE CREME MIT FRISCHEN HIMBEEREN

FÜR 4 PERSONEN

Zubereitungszeit:
15 Minuten
Garzeit: 60 Minuten

ZUTATEN:

1 Schale	Himbeeren
5	Eigelb
350 g	Crème fraîche
150 ml	Vollmilch
80 g	Fruchtzucker
1 Prise	Zimt

Milch zum Kochen bringen, 10 Minuten abkühlen lassen.

Eigelb mit Fruchtzucker und Zimt in einer großen Schüssel schaumig schlagen.

Crème fraîche und Milch in einer Schüssel vermengen. Die Mischung unter die Eigelbmasse rühren.

Den Boden einer Schale oder einzelner **Auflaufförmchen** mit Himbeeren auslegen. Die Creme darauf verteilen.

Im vorgeheizten Backofen bei 130° C (Stufe 4) 55 Minuten im **Wasserbad** garen. (Das Wasser im Wasserbad sollte heiß sein).

Bei Zimmertemperatur abkühlen lassen. Danach mindestens 4 Stunden in den Kühlschrank stellen.

Kurz vor dem Servieren einige Minuten unter den Grill schieben, damit die Oberfläche karamelisiert wird.

KIRSCHAUFLAUF

Siehe Foto nach Seite 224

FÜR 5 PERSONEN

Zubereitungszeit: 15 Minuten
Garzeit: 60 Minuten

ZUTATEN:

750 g entsteinte Kirschen
200 ml Milch
200 ml flüssige Sahne
60 g Fruchtzucker
6 Eier
2 Eßl. Rum
• Vanillearoma

Milch und flüssige Sahne erhitzen, aber nicht zum Kochen bringen. Abkühlen lassen.

Eier mit Fruchtzucker in einer großen Schüssel verquirlen. Unter ständigem Rühren nach und nach Milch zugießen. Rum und einige Tropfen Vanillearoma zufügen.

Kirschen in eine **Auflaufform** geben, die Mischung darübergießen.

Im Backofen bei 130° C (Stufe 4) 50 Minuten backen. Vor dem Servieren vollends erkalten lassen (eventuell im Kühlschrank).

KOKOSAUFLAUF

FÜR 4 PERSONEN   ZUTATEN:

Zubereitungszeit: 10 Minuten   5   Eier
Garzeit: 45 Minuten   100 g   Kokosraspel
     100 g   Fruchtzucker
     400 ml   flüssige Sahne

Eier mit Fruchtzucker in einer Schüssel verquirlen. Zuerst flüssige Sahne, dann Kokosraspel zufügen.

Die Mischung in eine **Kastenform** geben und 15 Minuten ruhen lassen, dabei mit einem Küchentuch abdecken.

Im vorgeheizten Backofen bei 130° C (Stufe 4) 45 Minuten im **Wasserbad** garen.

Vor dem Servieren bei Zimmertemperatur abkühlen lassen (oder kalt servieren). Himbeerpüree oder warme Schokoladensauce dazu reichen.

MOKKASCHAUMCREME

FÜR 6 PERSONEN

ZUTATEN:

Zubereitungszeit: 20 Minuten
Garzeit: 10 Minuten

4 Eßl.	löslicher Kaffee
200 ml	flüssige Sahne
6	Eier
3	Blätter Gelatine (oder die entsprechende Menge Agar-Agar)
1/2 Glas	Rum (ca. 3 cl)
100 g	Fruchtzucker

Den Kaffee mit der flüssigen Sahne und dem Rum im **Wasserbad** auflösen. Fruchtzucker hineinrühren.

Gelatineblätter einige Minuten einweichen, ausdrücken und in der Mischung auflösen. Abkühlen lassen.

Eier trennen. Eiweiß mit einer Prise Salz sehr steif schlagen.

Mokkacreme mit Eigelb verrühren. Eischnee vorsichtig unterheben.

5 bis 6 Stunden in den Kühlschrank stellen.

Vor dem Servieren mit Kaffeepulver bestreuen.

NEKTARINENGRATIN

FÜR 4 PERSONEN   ZUTATEN:

Zubereitungszeit: 15 Minuten
Garzeit: 20 Minuten

6	große Nektarinen
5	Eigelb
100 g	Fruchtzucker
200 ml	lieblicher Weißwein
	(Montbazillac, Sainte-Croix-du-Mont)

3/4 l Wasser zum Kochen bringen.

Nektarinen 5 Minuten darin pochieren.

Abtropfen lassen, halbieren und entsteinen. Haut eventuell abziehen, achteln.

Eigelb mit Fruchtzucker in eine große Schüssel geben und 3 bis 4 Minuten verschlagen.

Die Schüssel in ein **Wasserbad** stellen und solange weiterschlagen, bis eine gebundene Creme entstanden ist, dabei nach und nach den Wein zufügen.

Nektarinenstücke auf feuerfeste tiefe Teller verteilen und mit der Creme übergießen. Vor dem Servieren einige Minuten unter den Grill schieben.

ORANGENCREME

FÜR 4 PERSONEN   ZUTATEN:

Zubereitungszeit: 20 Minuten   9 Eigelb und
Garzeit: 45 Minuten   1 Ei
                                150 g Fruchtzucker
                                  • Saft von 4–5 Orangen (etwa 300 ml)
                             200 ml flüssige Sahne
                                  • Schale einer ungespritzten Orange

Eier mit Fruchtzucker in einer großen Schüssel verquirlen.

Sahne steif schlagen und unter die Eiermasse heben.

Orangensaft mit Schale zum Kochen bringen, 3 Minuten sprudelnd kochen lassen.

5 Minuten abkühlen lassen. Unter ständigem Schlagen mit einem Schneebesen nach und nach in die Eiercreme geben.

In **Auflaufförmchen** füllen und im vorgeheizten Backofen bei 130° C (Stufe 4) 40 Minuten im **Wasserbad** garen.

Abkühlen lassen. Vor dem Servieren mindestens 4 bis 5 Stunden in den Kühlschrank stellen.

PFIRSICHE MIT HIMBEERQUARKCREME

FÜR 4 PERSONEN   ZUTATEN:

Zubereitungszeit: 10 Minuten   500 g Quark (im Körbchen)
Garzeit: 10 Minuten   2 Eßl. Crème fraîche
                                       6 große Pfirsiche
                                   100 g Himbeerkonfitüre ohne Zuckerzusatz
                                       • Minzeblätter

Pfirsiche etwa 10 Minuten pochieren. Haut abziehen, halbieren und entsteinen.

Quark, Crème fraîche und Himbeerkonfitüre im **Mixer** zu einer lockeren Creme verarbeiten.

Himbeerquarkcreme auf tiefe Teller verteilen und mit je drei Pfirsichhälften belegen. Mit **Frischhaltefolie** abdecken und in den Kühlschrank stellen.

Mit Minzeblättern garnieren, kühl servieren.

ROTE BEEREN IN ROTWEINGELEE

FÜR 6 PERSONEN   ZUTATEN:

Zubereitungszeit: 20 Minuten

Garzeit: 10 Minuten

200 g	Erdbeeren
200 g	Himbeeren
100 g	Heidelbeeren
100 g	Brombeeren
400 ml	tanninhaltiger Rotwein (Corbières, Côtes-du-Rhône...)
100 ml	flüssiger Fruchtzucker (oder 4 Eßl.)
1/2 Teel.	Zimt
7 Blätter	Gelatine (oder die entsprechende Menge Agar-Agar)
•	Minzeblätter

Eine **Kranzform** ins **Gefrierfach** stellen.

Wein und Zimt in einen Topf geben, zum Kochen bringen. Sofort vom Herd nehmen.

In der Zwischenzeit die Früchte vorbereiten.

Gelatine 5 Minuten in Wasser einweichen und im heißen Wein auflösen. Flüssigen Fruchtzucker hinzufügen, abkühlen lassen.

Die Form aus dem Gefrierfach nehmen und den Boden mit einer 5 mm dicken Geleeschicht übergießen, die Form dabei in alle Richtungen neigen, um das Gelee gleichmäßig zu verteilen. Wieder einige Minuten ins Gefrierfach stellen. Dann den Vorgang wiederholen, bis eine etwa 1 cm dicke Geleeschicht entstanden ist.

Die Früchte mit den Minzeblättern in die Form geben.

Restliches Weingelee vorsichtig darübergießen. Mit **Aluminiumfolie** abdecken und über Nacht (oder 8 bis 10 Stunden) in den Kühlschrank stellen.

Kurz vor dem Servieren aus der Form nehmen.

SCHOKOLADENPUDDING

FÜR 4–6 PERSONEN   ZUTATEN:

Zubereitungszeit: 25 Minuten   250 g Schokolade mit 70 % Kakaoanteil
Garzeit: 30 Minuten   5 Eier
                                 1 Teel. Schale einer ungespritzten Orange
                                 1 Prise Salz
                                  2 Eßl. Cognac

Schokolade mit 1/2 Glas Wasser im **Wasserbad** schmelzen. Eier trennen, Eiweiß mit einer kleinen Prise Salz steif schlagen.

Den Topf mit der Schokolade aus dem Wasserbad nehmen. Den Cognac und die Hälfte der Orangenschale unterrühren.

Die Mischung 2 bis 3 Minuten abkühlen lassen, dann mit dem Eigelb vermengen. Den Eischnee unterheben, so daß eine homogene Masse entsteht. In eine Form füllen (die Schicht sollte mindestens 5 cm dick sein) und mit der restlichen Orangenschale bestreuen.

Im vorgeheizten Backofen bei 100° C (Stufe 3) 20 Minuten garen.

TIP:
Diese Nachspeise kann mit Schlagsahne, einer Kugel Vanilleeis oder mit Eiermilchcreme (mit Fruchtzucker) serviert werden.

SCHOKOLADENTRÜFFEL

Siehe Foto vor Seite 225

FÜR ETWA 30 TRÜFFEL

Zubereitungszeit: 20 Minuten
Keine Garzeit

ZUTATEN:

160 g Kakaopulver ohne Zucker
75 g gefrorenen Fruchtzucker
150 g Butter
2 Eigelb
80 g flüssige Crème fraîche

Butter 4 Stunden vor dem Gebrauch aus dem Kühlschrank nehmen.

Weiche Butter in eine Schüssel geben und mit einem Holzlöffel glattrühren.

Nacheinander Eigelb, Fruchtzucker und Kakaopulver zufügen. Alles zu einer homogenen Masse verrühren.

Crème fraîche unterrühren, so daß ein dickflüssiger Teig entsteht. Falls er zu weich sein sollte, eine Stunde im Kühlschrank fest werden lassen.

Mit einem kleinen Löffel Teig abnehmen, zu Kugeln formen und in Kakaopulver wenden.

Trüffel im Kühlschrank aufbewahren. 10 bis 15 Minuten vor dem Verzehr herausnehmen.

ZITRONENCREME

FÜR 4 PERSONEN   ZUTATEN:

Zubereitungszeit: 20 Minuten
Garzeit: 20 Minuten

3	Zitronen (ungespritzt)
5	Eigelb und
1	Ei
200 ml	Vollmilch
150 g	Fruchtzucker
200 ml	flüssige Sahne
3 Blätter	Gelatine (oder die entsprechende Menge Agar-Agar)

Schale einer Zitrone abreiben.

Eier mit Fruchtzucker, Zitronensaft und Zitronenschale verquirlen.

Milch erhitzen, einige Minuten abkühlen lassen. Unter kräftigem Rühren in die Eiermasse geben.

Die Mischung unter Rühren erhitzen (am besten im **Wasserbad**), bis eine gebundene Creme entstanden ist. 10 Minuten abkühlen lassen.

Gelatineblätter einige Minuten in kaltem Wasser einweichen, ausdrücken und unter Rühren in der Creme auflösen. 30 Minuten abkühlen lassen.

Sahne steif schlagen und unter die Creme heben.

In **Auflaufförmchen** füllen, mit **Frischhaltefolie** abdecken und 5 bis 6 Stunden in den Kühlschrank stellen.

Register

WEITERE
INFORMATIONEN

MICHEL MONTIGNAC

ESSEN GEHEN
UND DABEI ABNEHMEN

In Frankreich verursachten Michel Montignacs Betrachtungen zu Diät und Ernährung eine Revolution. Denn er widerlegte eine ganze Reihe von Irrtümern und Mythen über das Abnehmen. Kein Wunder, daß sein Buch *Comment maigrir en faisant des repas d'affaires* europaweit zu einem Bestseller wurde.

Die deutsche Ausgabe ist bereits 1993 im ARTULEN-VERLAG erschienen.

Auch Sie können in diesem Buch erfahren, wie man nach Lust und Laune im Restaurant essen und dennoch abnehmen kann. Sie werden staunen, wie leicht Sie Ihre überflüssigen Pfunde loswerden, ohne Kalorien zu zählen oder gar zu hungern.

Und was noch wichtiger ist: Sie werden lernen, Ihr neues Gewicht auch zu halten. Fast nebenbei fühlen Sie sich physisch und psychisch so wohl wie schon lange nicht mehr. Denn Sie gewöhnen sich an, nur noch gesund zu essen. Dabei verlangt MONTIGNAC nicht, daß Sie sich kasteien. Im Gegenteil: Hin und wieder können Sie ohne Schuldgefühle nach Herzenslust schlemmen. Sie müssen weder auf Wein noch auf Schokolade verzichten.

Bedeutende französische Ärzte und medizinische Institute unterstützen Montignacs Methode, und zahlreiche Prominente - darunter Politiker und Leistungssportler - haben sie bereits erfolgreich angewandt. In seinem Heimatland unterrichtet der Autor in Seminaren gewichts- und gesundheitsbewußte Menschen aus aller Welt.

Sein Buch gilt vielen als Meilenstein in der Geschichte der Ernährungswissenschaft. Es liest sich leicht, vermittelt Spaß am Essen und ist das beste „Gegengift" gegen langweilige Mahlzeiten und herkömmliche Diäten. Zugleich dient es jenen Geschäftsleuten und Genießern, die fit bleiben wollen, ohne die kulinarischen Freuden des Lebens zu missen, als unerläßlicher Ratgeber. Es ist allen Gourmets gewidmet, die sich auf das „*savoir vivre*" verstehen.

Hardcover, mit zahlreichen Abbildungen

ISBN: 2-9062-3632-2
Preis: DM 49,80 sFr 49,80 öS 369.–

MICHEL MONTIGNAC

ICH ESSE,
UM ABZUNEHMEN

Nach jahrzehntelangen widersprüchlichen Diskussionen sind in der herkömmlichen Ernährungswissenschaft tiefgreifende Veränderungen im Gange.

Seit der Veröffentlichung der ersten französischen Ausgabe des Bestsellers *„Je mange donc je maigris"* im Jahre 1987 zählt MICHEL MONTIGNAC zu den führenden Köpfen der Ernährungsrevolution.

International bedeutende Ärzte haben ihn bei seinem Vorhaben unterstützt, das Grundprinzip der herkömmlichen Diätmethode zu widerlegen.

MONTIGNAC liefert den Beweis, daß eine Umstellung der Ernährungsgewohnheiten ausreicht, um eine Gewichtsabnahme zu erzielen.

Man versteht nun, warum die kalorienreduzierte Diätmethode ohne wissenschaftlichen Anspruch ist und wie sie letztlich einer Gewichtsabnahme entgegenwirkt. Mit Unterstützung der Ärzte liefert uns MICHEL MONTIGNAC die Erklärung, warum die Vitalität direkt von der Ernährung abhängt und wie man durch eine Umstellung der Ernährungsgewohnheiten seine physische und psychische Leistungsfähigkeit erhöhen kann.

Außer den speziellen Maßnahmen, die ergriffen werden sollten, um endgültig ein normales Körpergewicht zu erreichen, findet der Leser in diesem Buch eine Fülle von Ratschlägen, die über die richtige Auswahl der Nahrungsmittel dazu beitragen, jung, schön und gesund zu bleiben.

Ich esse, um abzunehmen
Eine Aufforderung, die an den Leser ergeht.

ISBN: 3-930989-03-4
Preis: 29,80 DM sFr 29,80 öS 233.-

MICHEL MONTIGNAC

MONTIGNAC
REZEPTE UND MENÜS
ODER
DIE FEINE KÜCHE NACH DER
MONTIGNAC-METHODE

Mit einer revolutionären Ernährungsmethode, die nunmehr seinen Namen trägt, hat Michel MONTIGNAC in den letzten Jahren die ruhige Welt der herkömmlichen Diätetik erschüttert.

Er hat die hoffnungslose Wirkungslosigkeit und die Gefahren restriktiver kalorienreduzierter Diäten angeprangert und aufgezeigt, daß eine einfache Umstellung der Ernährungsgewohnheiten das beste Mittel darstellt, um eine Gewichtsabnahme zu erzielen und eine größere Vitalität zu erlangen.

Dieses Buch „Rezepte und Menüs" ist somit eine notwendige Ergänzung der ersten Werke „Ich esse, um abzunehmen" und „Essen gehen und dabei abnehmen", die zu internationalen Bestsellern wurden.

Wer sich bereits der Montignac-Methode verschrieben hat, erhält mit diesem Buch die Möglichkeit, sich mit den Prinzipien der feinen Küche intensiver zu beschäftigen.

Die übrigen Leser werden erstaunt sein, ein Kochbuch vorzufinden, das nicht nur auf die regionale Kochkunst Wert legt und vom guten und genießerischen Essen handelt, sondern auch die Gesundheit miteinbezieht.

Außerdem werden sie zu Ihrer Verwunderung erfahren, daß Wein, Schokolade und Käse aus Rohmilch so außergewöhnliche Ernährungseigenschaften besitzen, daß sie nunmehr zum Verzehr empfohlen werden, um eine Senkung des Cholesterinspiegels zu erreichen.

Zahlreiche Farbabbildungen

ISBN: 3-930989-00-X
Preis: DM 34.– sFr 34.– öS 265.–

MICHEL MONTIGNAC

GESUND MIT SCHOKOLADE

Jeder mag Schokolade, doch es gibt viele, die diese Süßigkeit nur mit einem großen Schuldgefühl verzehren. Denn kein anderes Produkt ist so vorbelastet wie Schokolade.

Der Autor dieses Buches, dessen Werke *„Ich esse, um abzunehmen"* und *„Essen gehen und dabei abnehmen"* zu internationalen Bestsellern wurden, schildert die herkömmlichen Ansichten über ein Nahrungsmittel, das seit jeher für sämtliche Übel verantwortlich gemacht wird. Es hat sich jedoch herausgestellt, daß an den Anschuldigungen nichts Wahres dran ist.

Eingefleischte Knabberfans und sonstige Leckermäuler können sich freuen, denn neuere wissenschaftliche Untersuchungen haben zu einer völligen Rehabilitation dieses Produktes geführt.

Es wurde der Beweis erbracht, daß Schokolade sehr wohl als vollwertiges Nahrungsmittel anzusehen ist und daß sie sich zudem besonders günstig auf die Gesundheit auswirkt, da sie reich an Magnesium, Vitaminen, Spurenelementen ist und sogar eine Senkung des Cholesterinspiegels verursacht. Außerdem besitzt sie eine kräftigende, antidepressive und aphrodisische Wirkung...

In diesem Buch wird auf fesselnde Weise geschildert, wie es in den weit zurückliegenden Anfängen dieses Nahrungsmittels zu zahlreichen Meinungsverschiedenheiten zwischen den Schokoladen-Liebhabern, der Kirche und den Ärzten kam.

Anhand einer klaren und genauen Darstellung, die mit amüsanten Anekdoten gespickt ist und mit geschichtlichen und medizinischen Kommentaren untermauert wurde, erhält der Leser den endgültigen Beweis von der außergewöhnlichen Heilkraft dieses Lebensmittels, das „die Freuden der Nascherei und die Segnungen der Diätetik" wieder in Einklang bringt.

Nach der Lektüre dieses Buches werden sich diejenigen schuldig fühlen und schämen, die nicht regelmäßig Schokolade essen.

Hardcover,
zahlreiche s/w- und Farbabbildungen

ISBN: 3-930989-02-6
Preis: DM 39,80 sFr 39,80 öS 295.–

MICHEL MONTIGNAC

ICH TRINKE
JEDEN TAG WEIN
UM GESUND ZU BLEIBEN

In diesem Buch befaßt sich MICHEL MONTIGNAC mit einem bisher tabuisierten Thema, um dem Leser die ganze Wahrheit über die wohltuende Wirkung des Weins auf die Gesundheit vor Augen zu führen.

Nach einer spannenden Reise durch die Geschichte, bei der der Leser die Feststellung macht, daß Wein etwas Geheimnisvolles ist und in allen Religionen vertreten war, wird er sich bewußt, daß der Wein eine der Grundlagen unserer Kultur bildet.

Anschließend zeigt sich, daß die Heilkräfte des Weins seit Jahrtausenden intensiv entwickelt und mit Erfolg angewendet wurden, dann aber mit der Einführung des modernen Arzneibuches allmählich in Vergessenheit gerieten.

Heute lassen wissenschaftliche Studien die Heilwirkungen des Weins wiederaufleben. Sie haben sogar den Beweis erbracht, daß Wein das wirksamste Mittel ist, um dem Herz-Kreislauf-Risiko vorzubeugen. Außerdem besitzt er im Verdauungsbereich wohltuende Eigenschaften und wirkt gegen Infektionen. Er soll sogar ein wirksames Antistreßmittel sein und den Alterungsprozeß verlangsamen.

Am erstaunlichsten ist jedoch, daß nur zwei Regeln befolgt werden müssen, um die wohltuende Wirkung des Weins optimal zu nutzen: ihn regelmäßig (zu jeder Mahlzeit) und in Maßen zu sich nehmen (2 – 4 Gläser pro Tag).

Diese Abhandlung kommt allen Feinschmeckern entgegen, die schon immer der Ansicht waren, daß Wein ein Symbol der feinen Lebensart ist.

Zahlreiche Tabellen und Farbabbildungen

ISBN: 3-930989-01-8
Preis: DM 34.– sFr 34.– öS 265.–

RIA TUMMERS

SCHLANK & SCHNELL
DIE SCHNELLE KÜCHE NACH DER MONTIGNAC-METHODE

Ria Tummers hat sich beruflich wie auch privat dem leckeren Essen und Trinken verschrieben. In den letzten Jahren hat sie sich in den Niederlanden als Autorin von Fachbüchern für die Gastronomieausbildung einen Namen gemacht. Kulinarische und didaktische Beratung ist ihr Spezialgebiet.

Rias liebstes Hobby war schon immer das Kochen und vor allem das gesellige Tafeln mit Gästen. Und nach dem guten Essen kam immer die Diät. Aber das Thema ist inzwischen passé, denn von Freunden bekam sie den Geheimtip: die Montignac-Methode.

Nach sechs Wochen Montignac-Methode (Phase I) hatten Ria und auch ihr Mann 12 Kilo abgenommen. Danach (in Phase II) gelang es ihnen, ihr Gewicht beizubehalten, sehr zum Erstaunen der beiden Diäterfahrenen, die nach den früher unternommenen Abmagerungskuren immer wieder zugenommen hatten. Dank des unkomplizierten Ernährungsprinzips von Montignac war die Umstellung auch im normalen Tagesablauf mit Leichtigkeit zu meistern – denn gerade Berufstätige wissen, wie schwierig das manchmal sein kann.

Da ihr aber nur die bis dahin aus dem Französischen übersetzten Montignac-Rezepte zur Verfügung standen und die hiesige Küche doch andere Zutaten und Zubereitungen kennt, entstand der Gedanke, neue Rezepte zu entwickeln. Ria Tummers nahm diese Herausforderung an und schrieb ihre Rezepte auf: Frühstück, Haupt- und Zwischengerichte, Salate, Snacks und vieles mehr – alle schmackhaft, einfach und schnell in der Zubereitung.

Sie finden in diesem Buch mehr als 150 Rezepte, mit denen Sie im Handumdrehen große und kleine Menüs zusammenstellen können. Auch Ihre Gäste, die die Montignac-Methode (noch) nicht kennen, werden von Ihrer neuen „Diät" überrascht und begeistert sein.

Zahlreiche Farbabbildungen

ISBN: 3-930989-06-9

Preis: DM 34.– sFr 34.– öS 265.–

MICHEL MONTIGNAC

JUNG BLEIBEN
DURCH EINE BESSERE ERNÄHRUNG

Michel Montignac verdankt seine Berühmtheit der Empfehlung einer wirksamen und dauerhaften Abmagerungsmethode, die auf einer einfachen Umstellung der Ernährungsgewohnheiten beruht.

In diesem Buch beschäftigt er sich mit der Gesundheit und Ernährung der über Fünfzigjährigen.

In diesem Alter fühlt man sich immer noch jung und in Hochform. Damit sich daran nichts ändert, muß man sich jedoch vor einigen Risiken in acht nehmen. Und die Lösung findet sich naturgemäß in unserem Teller!

Wer sich ernsthaft für seine Gesundheit interessiert, findet in diesem Buch wertvolle Informationen darüber, welche Lebensmittel verzehrt werden sollten, um eine optimale Zufuhr an Vitaminen, Mineralstollen oder Ballaststoffen zu gewährleisten, wie sie ausgewählt oder zubereitet werden sollten. Der Leser erfährt auch, wie er sein Gewicht halten, Herz-Kreislauf-Risiken vorbeugen, rheumatische Schmerzen lindern, sein Immunsystem stärken kann.

Michel Montignac liefert die Erklärung, wie mit den Jahren auftretende Erkrankungen durch bessere Ernährungsgewohnheiten zum größten Teil verhindert werden oder gelindert werden können. Um jung zu bleiben, ist eine bessere Ernährung unabdingbar.

ISBN: 3-930989-07-7
Preis: DM 34.– sFr 34.– öS 265.–

Die erste Produktpalette der feinen Küche jetzt auch hierzulande im Handel:

Michel Montignac hat eine Reihe von Produkten entwickelt, die speziell auf seine Methode abgestimmt sind, so daß die Grundprinzipien einer ausgewogenen Ernährung jeden Tag von denjenigen befolgt werden können, die sich einer gesunden Ernährungsweise verschrieben haben.

Diese erste Produktpalette der feinen Küche ist unter dem Namen „Michel Montignac" in etwa 400 Feinkostgeschäften, Diät- und Bioläden in verschiedenen Ländern erhältlich.

Diese Produktpalette, bei der ungesättigte Fette und der Verzicht auf Zucker im Vordergrund stehen, beruht auf der Wiederentdeckung des „vollen Korns".

Dabei sind folgende Produkte besonders zu erwähnen:

- Vollkornbrötchen aus der Bäckerei,
- ungezuckerte Fruchtmarmelade aus 100 % Früchten,
- Vollkornteigwaren aus Hartweizen aus biologischem Anbau
- Bitterschokolade mit einem hohen Kakaoanteil (mindestens 70 %, damit die besonderen Ernährungseigenschaften der Schokolade erhalten bleiben),
- ballaststoffreiches, ungezuckertes Müsli,
- Kompott, Püree, Fruchtsaft, Soja, Dörrobst, Fruktose, Saucen, Gewürze … unverfälscht hergestellt, ohne Zusatz von Konservierungsmitteln und Zucker.

Erkundigen Sie sich, wo sich die nächste Verkaufsstelle befindet, in der Montignac-Ernährungsprodukte vertrieben werden.

Informationen erhalten Sie bei:

New-Diet S.A.
36, rue de l'Alma
B.P. 250
F-92602 ASNIERES Cedex (Frankreich)
Tel.: 0033 1 479 359 59
Fax: 0033 1 479 392 44